卓上 CNC からマシニングまで!!

次世代クラウドベース 3DCAD/CAM

Fusion 360

操作ガイド

CAM・切削加工編 1

2021年版

スリプリ（株式会社 VOST）

三谷大暁／大塚 貴／濵谷健史◉共著

CUTT
カットシステム

はじめに

　3Dプリンターをはじめ、レーザーカッターや卓上CNCなどの工作機械を使用したデジタルファブリケーションが、より身近になってきました。今までのアナログな方法とデジタルを組み合わせて、新しいモノづくりが手軽にできる世界が広がろうとしています。

　しかし、3DプリンターやCNCを使った新しいモノづくりをするには、3Dデータを作成する必要があります。3Dのソフトは一般的になじみがなく、とても難しそうでとっつきにくそうというイメージが先行しているのが現状です。

　現在、教育現場や仕事の中で3Dソフトに触れる機会は「専門知識」として修得する以外には皆無です。今後3Dプリンターの普及と同時に、小学校の工作の時間に3DCADに触れることが当たり前になれば、「なんだ、3Dソフトって簡単なんだ」という認識も広がってくるかもしれません。

　私たちスリプリは、3DCAD/CAMメーカーで実務経験を積んだ「3Dソフトのプロフェッショナル」として、3DCADは難しくないことを広めたいと考えています。文書を作成するのにWordを、表やグラフを作るのにExcelを使うように、3Dデータを作るのにCADを使うことが当たり前になり、誰もがモノづくりを身近に感じることができる世界を目指しています。

　本書は、2014年6月より定期開催している「スリプリ Autodesk Fusion 360 CADセミナー」から生まれました。よりわかりやすく、より丁寧にをモットーに進化を続けてきたセミナーは、アンケートの9割以上で「大変満足」をいただいております。

　全国で定期開催中ですので是非ご参加ください。

　「スリプリ　セミナー」で検索！

　http://3d-printer-house.com/3dcad-campus/

　本書は初心者目線で専門用語をかみ砕いた楽しい題材を基に、基本的な機能や3Dデータを作成する際の考え方を身に付けていただける内容になっています。是非楽しみながら学んでいただき、「欲しいモノをいつでも作れる」すばらしさを体験してください。

　You can MAKE Anything!!
　Let's enjoy 3D!!

　「Fusion 360 操作ガイド」シリーズ4冊目となる本書、「Fusion 360 操作ガイド［CAM・切削加工編］」では、CAM機能の基本的な操作と、ローランド ディー.ジー.株式会社様、株式会社オリジナルマインド様の協力を得て、卓上CNCの基本的な使い方を学習いただけます。

　本書の構成および解説は、シリーズ既刊の3冊の知識を前提としております。あらかじめご了承ください。各既刊の大まかな内容は次のとおりです。

ベーシック編：ユーザーインターフェイスの紹介、データの管理方法、スケッチの描き方やモデリングの方法、レンダリングの方法など、基礎的な操作を学習いただけます。

アドバンス編： ベーシック編で学んだ内容を応用し、より複雑な形状のモデリング、有機的な
　　　　　　　形のモデリング、複雑なレンダリングの設定などを学習いただけます。

スーパーアドバンス編：　上記2冊の内容を応用し、複数の部品から構成される組み立て部品
　　　　　　　の設計、解析機能、スキャンデータの活用などを学習いただけます。

Fusion 360 の特徴

　Fusion 360 は、オートデスク株式会社が開発を行っている 3 次元 CAD です。オートデスク株式会社は 1980 年代から 2 次元 CAD を販売し、CAD という分野を作り上げた企業です。また、3DCG の 3 大ソフトウェアを買収するなど、CAD と CG 両方の技術に長けた企業です。

　Fusion 360 はそれらの技術を利用し、クラウドベースという新しい概念を取り込んだ最新のソフトウェアです。通常は高価格帯でしか実現していなかった多彩な機能が、安価（ビジネス用途以外は現状無料）で提供されています。

Fusion 360 の動作環境

- OS：Microsoft Windows 8.1（64 ビット）（2023 年 1 月まで）、Microsoft Windows 10（64 ビット）、Apple macOS Catalina 10.15、Mojave v10.14、High Sierra v10.13
- CPU：64 ビットプロセッサ（32 ビット版および ARM はサポートされていません）、4 コア、1.7 GHz Intel Core i3、AMD Ryzen 3 以上
- メモリ：4 GB の RAM（内蔵グラフィックス 6 GB 以上を推奨）
- インターネット：ダウンロード速度 2.5 Mbps 以上、アップロード速度 500 Kbps 以上
- ディスク容量：3 GB のストレージ
- グラフィックスカード：DirectX 11 以上をサポート、VRAM 1 GB 以上の専用 GPU、RAM 6 GB 以上の内蔵グラフィックス
- ポインティングデバイス：HID 準拠マウスまたはトラックパッド、オプションで Wacom タブレットおよび 3Dconnexion SpaceMouse をサポート
- 依存関係：.NET Framework 4.5、SSL 3.0、TLS 1.2 以降

※ 2020 年 9 月現在

※動作環境はリリースごとに更新されます。公式ホームページより最新情報をご確認ください。

■ 特徴1：わかりやすいユーザーインターフェイス

　ソフトウェアの使いやすさはわかりやすいユーザーインターフェイスから生まれます。各コマンドには作成できる形状のアイコンが付いており、どのような操作ができるのかを直観的に理解できるため、初心者でもなじみやすいインターフェイスになっています。

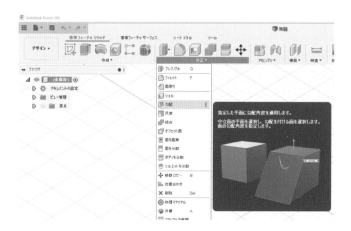

■ 特徴2：多様なコマンド群

　無償の3DCADは、無償が故にコマンドが少なくなっており、曲線を描いたりカタチを作ったりする際に多くのステップが必要になっていました。Fusion 360は、多様なコマンドにより、より直観的に、より早く、モデルを作ることができるようになっています。

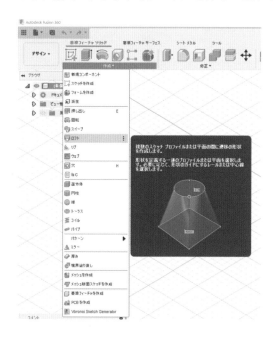

■ 特徴 3：履歴管理機能

　どのようにカタチを作成してきたか、という履歴情報が付いているため、いつでもカタチを編集することができます。これは一般的には高価格 CAD にしか付いていない「パラメトリックモデリング」という方法で、数字を変えるだけで簡単に大きさを変えたり、複雑なカタチに変更したりすることができます。3D プリンターで造形してみたけど、ちょっとカタチを変えようかな、少しサイズが大きなものがほしいな、といったときに、無償の 3DCAD ではデータを一から作り直す必要があることがほとんどです。Fusion 360 の履歴管理機能を使うと、3D プリンターの「すぐにほしいものが作れる」というメリットを最大限に生かすことができます。

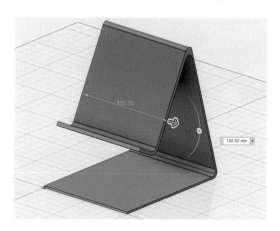

■ 特徴 4：滑らかな曲面作成機能

　通常、大きさの決まったモノを作るには CAD、滑らかな曲面を持ったモノを作るには CG という、別々のソフトを組み合わせるしかありませんでした。Fusion 360 は CAD が不得意としていた滑らかな曲面を作る T スプラインという新しい機能を持ち、粘土細工のように直観的な操作で滑らかな曲面を作成できるようになっています。また、大きさをきちんと決めた CAD 機能との組み合わせが可能なため、2 つのソフトウェアを修得する必要がなくなっています。
※本書では滑らかな曲面作成機能の使用方法はご紹介しておりません。ベーシック編、アドバンス編、スーパーアドバンス編を参照ください。

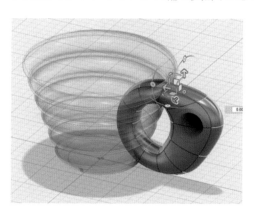

■ 特徴 5：板金モデル作成機能

　板金モデルとは、金属の板を曲げてつくるモデルです。実際に作成できるように角には曲げが自動で入り、重なってしまう部分も自動で調整してくれます。また、板金モデルは板状のモデルに簡単に変換できるため、実際に必要な材料の形が得られます。
※本書では板金機能の使用方法はご紹介しておりません。

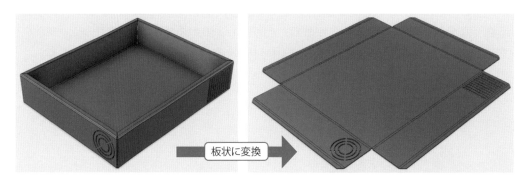

板状に変換

■ 特徴 6：コラボレーション機能

　Fusion 360 は最新のクラウド統合型 CAD となっており、ウェブブラウザはもちろん、Android や iPhone のアプリでデータを開くことも可能です。
※本書ではコラボレーション機能の使用方法はご紹介しておりません。ベーシック編、アドバンス編、スーパーアドバンス編を参照ください。

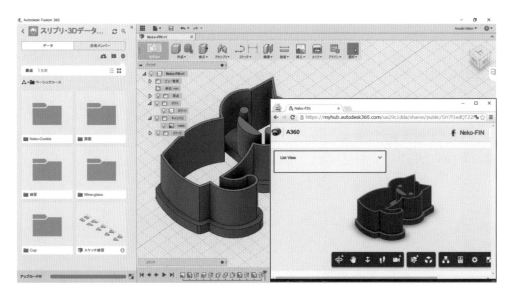

■ 特徴 7：レンダリング機能

　作ったカタチを写真で撮ったかのようなリアルな画像で表現できる機能、それがレンダリング機能です。

通常この機能だけで専門ソフトウェアが必要でしたが、Fusion 360 には標準搭載されています。3D プリントする前に完成イメージをつかんだり、作ったものをウェブで紹介したりする際に利用できる、非常に楽しい機能です。

※本書ではレンダリング機能の使用方法はご紹介しておりません。ベーシック編、アドバンス編を参照ください。

■ 特徴 8：アセンブリ機能

複数の部品を作成する場合、組み立てた際に干渉してはまらないことがないか、可動部品を動かしたときに正しく動くか、といった検証をすることができます。Fusion 360 では一般的な 3DCAD に搭載されているパーツ同士の組立機能に加え、隣接する部品を簡単に設計するための機能が多彩に用意されています。

※本書ではアセンブリ機能の使用方法はご紹介しておりません。スーパーアドバンス編を参照ください。

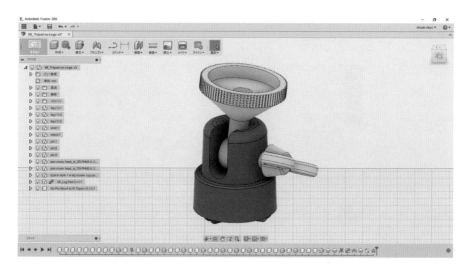

■ 特徴9：解析機能

　設計段階で、強度が弱く壊れる可能性がある箇所や、どのように変形するかをシミュレーションすることができます。

　実際にモノを作らなくても強度を強くできるため、試作の回数を減らすことができます。

※本書では解析機能の使用方法はご紹介しておりません。スーパーアドバンス編を参照ください。

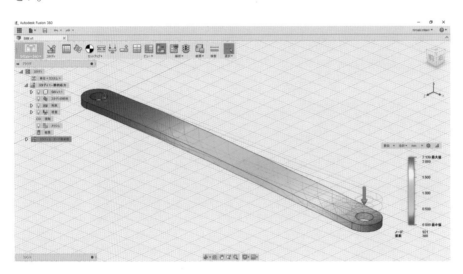

■ 特徴10：CAM機能

　木材やプラスチック、金属などを削ってカタチを作るCNC工作機械を動かす頭脳となるのがCAMというソフトウェアです。通常はCADソフトとCAMソフトは別のソフトになっており、それぞれのソフトを学ぶ必要がありましたが、Fusion 360はその両方をシームレスにつないで使用することができます。

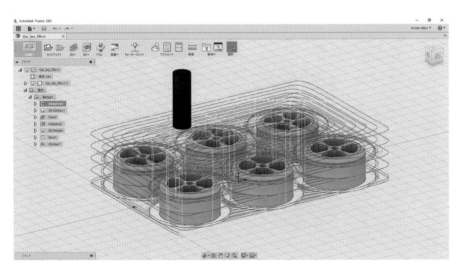

本書の使い方

　本書で使用するデータ及び課題の解答は、ウェブサイトにて公開をしております。

　以下の URL を検索し、巻末の袋とじ内に記されているナンバーを入力してデータをダウンロードしてください。

　「スリプリブック」で検索！

　https://cad-kenkyujo.com/book/

スリプリブックをご活用いただくために会員登録をお願いしております。

Fusion 360 はアップデートが頻繁に行われるため、書籍を十分に活用いただけるよう、次年版出版までのアップデート情報や有益な情報を発信しております。会員登録後、課題データのダウンロードおよび、課題解答を見ることができるようになります。また、会員登録していただくことで、本サイトに掲載されている会員限定のコンテンツのダウンロードが可能になりますので、今後の学習に是非お役立てください。

スリプリブック課題解答一覧とデータダウンロード

Autodesk Fusion360の人気講座が、「スリプリブック」としてついに書籍化！

このページでは、スリプリブックの解答の確認と課題に使用するデータのダウンロードができます。
該当する書籍の「課題解答・データダウンロード」ボタンをクリックしてください。

※ 最新バージョンに対応した改訂版もこちらから見ることができます。

[ベーシック編]

課題解答・データダウンロード

[アドバンス編]

課題解答・データダウンロード

[スーパーアドバンス編]

課題解答・データダウンロード

[CAM・切削加工編 1]

課題解答・データダウンロード

[CAM・切削加工編 2]

課題解答・データダウンロード

　本書は、手順を追いながら操作できる演習と、それに関連する課題が用意されています。演習を行った後、課題にチャレンジしてみてください。

　課題の解答も、上記 URL よりご覧いただけますのでご活用ください。

　本書の内容は、2020 年 9 月時点での内容となっております。Fusion 360 がアップデートされたことにより、本書の手順通りに操作ができないなどの情報もこちらのウェブサイトに掲載しておりますので、併せてご覧ください。

※本ウェブサイトは予告なく変更する可能性がありますので、あらかじめご了承ください。

公式掲示板「コミュニティフォーラム」のご紹介

　「コミュニティフォーラム」はオートデスク公式の Fusion 360 掲示板です。ユーザーが自由に質問などを書き込むことができ、オートデスクスタッフだけではなくユーザー同士で問題解決をする交流の場になっています。また、検索することもできるため、機能把握や問題解決に是非ご活用ください。

　「コミュニティフォーラム」は Fusion 360 のヘルプメニューの［コミュニティ］-［フォーラム］をクリックする事でアクセスできます。

CAD CAM CAE の使い方や最新ニュースサイト「キャド研」のご紹介

　「キャド研」では、本書で紹介しきれなかった Fusion 360 の最新情報や便利な使い方の動画、すべての設定項目について説明したコマンド一覧などを公開しております。

　また、Fusion 360 のエバンジェリストから Fusion 360 のブロガー、はたまたものづくり女子大生まで、様々な Fusion 360 に関する記事が読めるサイトとなっております。

　本書を学んだ後のスキルアップツールとして是非ご活用ください。

　「キャド研」で検索！

　https://cad-kenkyujo.com/

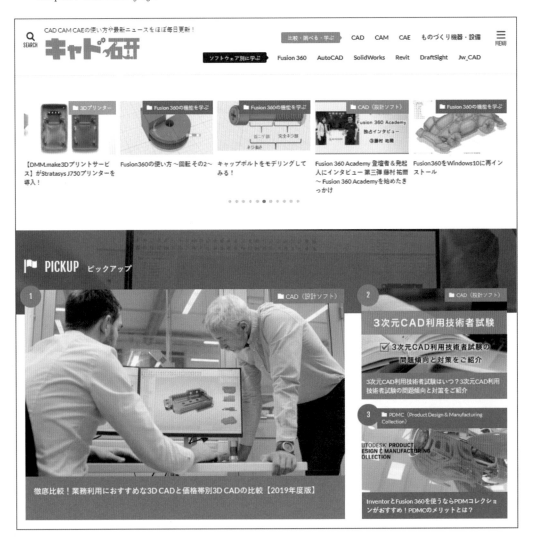

企業向けサービス「BIZ ROAD（ビズロード）」のご紹介

　株式会社 VOST では、企業で Fusion 360 を活用いただけるよう、Fusion 360 の企業向けサービス「BIZ ROAD」をご用意しております。本書で取り上げる Fusion 360 の CAM 機能を利用し、マシニングセンタを始めとする産業用工作機械をフル活用するには、教育セミナーでの教育や、ポストプロセッサのカスタマイズが不可欠です。

　ソフトウェアを使用する技術者様の早期育成に、是非ご活用ください。

　「ビズロード」で検索！

　http://bizroad-svc.com

Fusion 360 のインストール方法

① 公式ウェブサイト（http://www.autodesk.co.jp/products/fusion-360/overview）より、
「無償体験版をダウンロード」ボタンを選択し、ダウンロードします。

② 自分が使用するライセンスのタイプを選択します。

③Autodesk アカウントをお持ちの方は、メールアドレスとパスワードを入力して「サイン
　イン」します。Autodesk アカウントをお持ちでない方は、「アカウントを作成」を選択し、
　ユーザー情報を入力します。

④「今すぐ Fusion 360 をダウンロード」をクリックします。

⑤ ダウンロードが自動的に始まります。

ダウンロードが始まらない場合は、「もう一度試してください。」をクリックし、ダウンロードします。

⑥ ダウンロードしたファイルをダブルクリックし、インストールします。

⑦ メールアドレスとパスワードを入力して「サインイン」します。

　Fusion 360 の公式 Facebook ページでは、Fusion 360 の新機能をはじめ、「Fusion 360 Meetup」などのイベント情報などが紹介されています。

　Facebook を利用されている方は、最新情報を見逃さないようにページへの「いいね！」をしてみてください。

「Fusion 360 Japan」で検索！
https://www.facebook.com/Fusion360Japan/

また、Twitter および Youtube にも公式アカウントがございます（「Fusion 360 Japan」で検索）。

Twitter https://twitter.com/Fusion360Japan?lang=ja
Youtube https://www.youtube.com/channel/UCqmZCkXOZYFywI5RxeQht6A

本書の全体の構成

CAM・切削加工編 1 では、「加工の基礎知識」、「Fusion 360 の [製造] 作業スペースの使い方」、「切削加工機の使い方」を学ぶことができます。

第 1 章：加工の基礎知識として、CNC の仕組み、工具や材料の知識を学びます。

第 2 章：Fusion 360 で行う基本の 4 ステップ「加工準備」、「ツールパス作成」、「シミュレーション」、「NC データの作成」を学びます。

第 3 章：第 2 章で作成した NC データを使って切削加工機「KitMill」を動かす方法を学びます。

第 4 章：加工のための追加モデリング、両面加工の方法、設計変更への対応方法を学びます。

第5章：メッシュデータを利用したツールパス作成
方法を学びます。

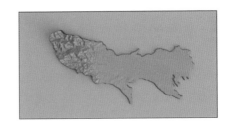

第6章：自分で用意したポストプロセッサの使用方
法を学びます。

第7章：工具登録の方法を学びます。

第8章：第7章で作成した工具を使用してツールパ
スを作成する方法を学びます。

目　次

第3章 ORIGINALMIND KitMill RZ300/420 を 使ってみよう 73

第4章 ルアーをつくろう 85

第 **1** 章

加工の基礎知識

次の内容を学習します。

1.1 この章の流れ

この章では、切削加工機を使用するための基礎知識を学びます。

CNC フライスの仕組みを学びます。(1.2)

加工の種類を学びます。(1.3)

加工の順序と使用工具について学びます。(1.5)

CAM で作成されるツールパスについて学びます。(1.6)

機械原点と加工原点について学びます。(1.7)

工具の種類と特徴を学びます。(1.8 ～ 1.11)

機械と工具の組み合わせについて学びます。(1.12 ～ 1.14)

材料について学びます。(1.15)

加工の条件について学びます。(1.16、1.17)

CAM から出力される NC データについて学びます。(1.18)

```
(FACE)
T1
S15000 M03
G54
G00 X0 Y0.
G00 Z15.
G01 Z12. F1000.
G01 X100.
G01 Y5.
G01 X0.
G01 X100 Y-5.
G01 X0 Y0.
G01 Z15.
```

1.2 CNC フライスの仕組み

CNC は Computer Numerical Control（コンピューター数値制御）の略で、工具の移動量や移動速度を数値制御することを言います。CNC フライスは、入力された指令に基づいて X 軸、Y 軸、Z 軸の各軸がモーターで制御されて動作するため、スイッチを入れると自動的に加工を行います。

入力される指令は、Numerical Control の頭文字を取って、NC データと呼ばれます。NC データの中には制御するコードがかかれており、指令するコードの頭文字に「G」が付くため、G コードと呼ばれたりもします。

CNC フライスは、以下の構成要素で動作します。

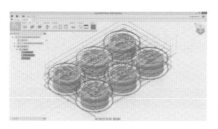

CAM（Fusion360）

ポスト
プロセッサ

NC

制御アプリケーション

USB ケーブル
など

機械本体

ポストプロセッサは、CAM データを各工作機械に合わせた NC データに変換するためのツールです。

NC データは機械や制御アプリケーションごとに異なります。使用される機械によってポストプロセッサを切り替えることで、同じ CAM データを使用して各工作機械に対応した NC データを作成できます。

1.3 基本的な加工方法

　切削加工では、工具が材料を削っている際に同時に動いている機械の軸の数によって加工方法が大別されます。加工軸は、機械によって軸構成は違うものの、多くの場合、高さ方向を「Z」方向、横方向を「X」方向、奥行方向を「Y」方向と呼んでいます。

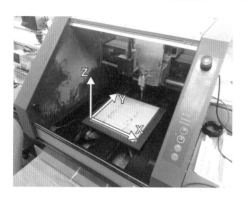

穴加工

　穴を加工する場合、工具が材料を削っている間は 1 軸しか動きませんので、1 軸加工です。通常 1 軸加工は穴しかありませんので、1 軸加工とは言わず、穴加工ということが一般的です。Fusion 360 では［ドリル］メニューがこれにあたります。

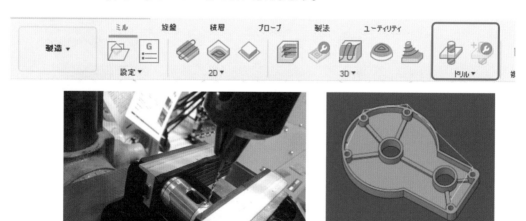

2軸加工

　平面的なものを削る場合、工具が材料を削っている間、Z軸の高さは固定したまま同時にX軸とY軸の2軸を動かすことになります。Fusion 360では[2D]メニューがこれにあたります。

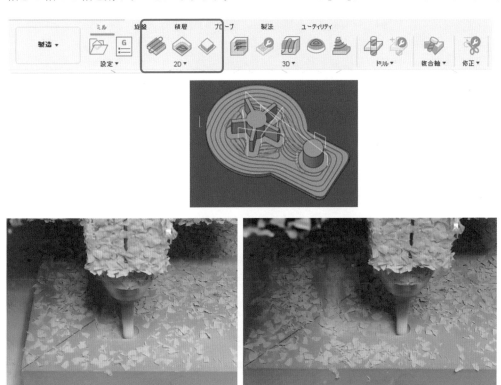

▌3 軸加工

　滑らかな曲面を削る場合、工具が材料を削っている間、同時に X 軸と Y 軸と Z 軸の 3 軸を動かすことになります。Fusion 360 では［3D］メニューがこれにあたります。

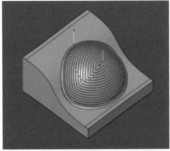

　一般的な切削加工では、上記の 3 種類に加え、回転軸が加わる 4 軸加工、5 軸加工があります。また、工具が回るのではなく、高速で回転する材料に刃物を当て、りんごの皮むきのような要領で削る「旋削加工」にも対応しています。

　本書では、穴あけから 3 軸までの加工を取り上げてご紹介します。

1.4 Fusion 360 の初期設定の変更

　一般的には Z 軸を高さとした座標系がほとんどです。Fusion360 の座標系の初期値も、Z 軸が高さ方向となっています。

　本書でも、Z 軸を高さ方向として進めますので、念のため設定を確認しておきましょう。
［ユーザー名］-［基本設定］を開きます。

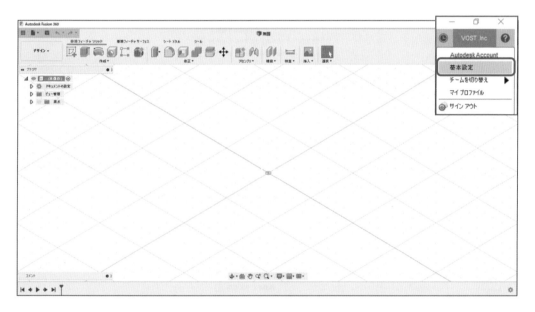

「一般」で「既定のモデリング方向」を「Z（上方向）」に設定し、［OK］で確定します。

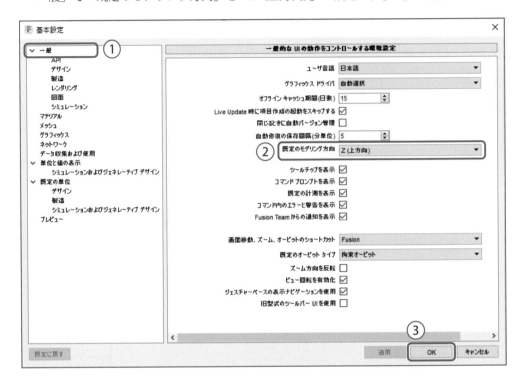

［一般］-［デザイン］の「参照された自動投影エッジ」を有効にします。

「参照された自動投影エッジ」を有効にすることで、線を描く時に利用した形状のエッジが自動で線として作成されます。

1.5 切削加工の順序と切削加工用工具

切削加工の順序は、全体的に材料を削り取る「粗取り」から、「再粗取り」、「中仕上げ」、「仕上げ」といった形で徐々に完成形に近づけていきます。

「粗取り」では、できるだけ短時間に多くの材料を除去したいため、なるべく太い切削加工用工具を使って削ります。ただし、大きい切削加工用工具を使用すると細かい箇所に切削加工用工具が入れないため、「再粗取り」として少し細い切削加工用工具で最終製品に近付けていく必要があります。

粗取りは大まかに削るため、「仕上げ代」と呼ばれる削り残しをつけることも多く、粗取り加工の際には 0.2 mm ～ 0.5 mm 程度製品形状より大きく削り、仕上げ加工で残った「仕上げ代」分を加工します。一般的に、「側面（径）方向の仕上げ代」と「底面（軸）方向の仕上げ代」を別々に設定することができます。

また、最終的な仕上げでは、細かい部分にも切削加工用工具が入る必要があるため、細い切削加工用工具で加工します。細い切削加工用工具を使うということは、負荷がかかるとすぐ折れてしまうことになりますので、細い切削加工用工具を使う場合はなるべく仕上げ代を均一にしておく必要があります。そのため、最終仕上げの前に「中仕上げ」加工を行い、材料を均しておくこともあります。

工具自動交換装置（ATC）がついていない機械の場合、粗取りから仕上げまでの加工工程において、都度作業者が切削加工用工具を交換する必要が出てきます。作業者がいない夜間に加工したい場合や、時間はかかっても人の手をなるべく減らしたい場合、初めの粗取りから細めのボールエンドミル等で加工することもあります。太い切削加工用工具を使って粗取りから仕上げまでを行う場合よりトータルの時間は長くなりますが、人の手が不要になるため、場合に応じて使い分けましょう。

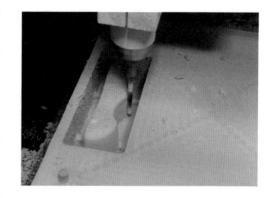

1.6 ツールパス

工具が加工する際に移動する経路のことをツールパスと呼びます。

機械が読み取る NC データには以下のような座標値が記載されており、この座標値に基づいて工具は移動します。

```
G00 X0 Y0.          早送りで X0 Y0 に移動
G00 Z15.            早送りで Z15 に移動
G01 Z12. F1000.    送り速度 1,000 mm/min で Z12 に移動
G01 X100.          送り速度で X100 に移動
G01 Y50.           送り速度で Y50 に移動
G01 X100 Y-5.      送り速度で X100 Y-5 に移動
G01 X0 Y0.          送り速度で X0 Y0 に移動
G00 Z15.           早送りで Z15 に移動
```

座標値を手作業で入力しても機械は動作しますが、頭のなかで機械の動作をイメージしながら座標を入力するのはミスが起こりやすいため、CAM ソフトが開発されました。

また、NC データによる指令は、「直線」または「円弧」がメインです。そのため、3 次元的な滑らかな曲面を加工する際には、実は非常に細い直線の集合として表現されています。このような動作をする NC データは、3DCAM でしか作成できません。Fusion 360 を始めとする CAM ソフトでは、コマンドメニューの設定により自動的にツールパスが生成され、視覚的に確認しながら、実際に工具がどのように動くかをシミュレーションすることが出来ます。

また、機械の動作には、実際に材料を削っているときと、別の箇所に移動するときとで、2 つの移動測度速度が存在します。

● 早送り（G00）

機械が動作できる最高速度で動作します。Fusion 360 では黄色いツールパスで表現されます。

● 切削送り（G01）

実際に切削している際の速度で、「切削送り速度」で設定した速度で移動します。Fusion 360 では青いツールパスで表現されます。

1.7 機械原点とワーク座標（加工原点）

　機械ごとに、軸構成が決まっており、縦、横、高さにあたるX軸、Y軸、Z軸と、各軸の回転方向にあたるA、B、C軸がある機械があります。

　機械には機械本体の原点である「機械原点」が存在します。機械原点を基準に考えると、加工するものの大きさやテーブルにセットする位置が違ったときに、座標値を割り出すのが大変になりますので、加工する際に一時的に原点とする「ワーク座標（加工原点）」を設定するのが一般的です。

　加工をする際には、CAMで設定した加工原点の位置座標 (0, 0, 0) と、機械で設定したワーク座標（加工原点）の位置座標 (0, 0, 0) を一致させておくことで、CAMで設定した通りに削ることができます。

> CAMで設定したワーク座標（加工原点）と機械で設定したワーク座標（加工原点）の位置が異なっていたことによる加工ミスは、工具の折損や機械を故障させる衝突を引き起こす可能性もあるため、非常に重要な作業です。毎回必ず確認をするようにしてください。

1.8　切削加工用の工具

　CNC では、刃がついた切削加工用工具（以下工具と呼びます）を機械に取り付け、高速で回転させて材料を削ります。ドリルという言葉を聞かれた事があると思いますが、ドリルは穴をあけるための工具であり、左右上下に動かしながら切削する工具は、一般的にエンドミルという名前で呼ばれています。

　工具には、削る対象物（被削材と呼びます）に合わせて非常に多くの種類があります。例えば、樹脂用の工具は鋭さ重視で少し強度が低く、金属用の工具は鋭さをおさえて工具寿命を延ばす工夫がされていることが多いです。その他にも、特に金属用は特殊なコーティングがしてあったり、刃のねじれ角などに工夫がしてあるものもあります。

　工具には以下のような種類があります。

（1）フラットエンドミル

　　底の部分が平らになっているため、「フラットエンドミル」と呼ばれます。また、回転しているときに真横から見ると四角に見えるため、「スクエアエンドミル」という名前で呼ばれることもあります。工具の底面と側面に刃が付いていますので、底面や側面を削るのに適していますが、滑らかな曲面加工には向きません。

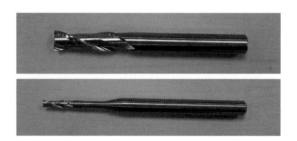

（2）ボールエンドミル

　　先端が球状に丸くなっているため、「ボールエンドミル」と呼ばれます。側面にも刃がついていますが、一般的には先端の半球部分で削ります。曲面を削るのに適していますが、平らな面を加工するのは向きません。

（3）ドリル

　　穴をあけるための工具です。一般的に先端に角度が付いています。空けたい穴と同じ径のドリル工具を購入する必要があります。

1.9　工具各部の名称

　工具の各箇所の名称は以下の通りです。工具を購入する際や、Fusion 360 で工具を選択する際に重要となりますので、各部の名称を覚えておきましょう。

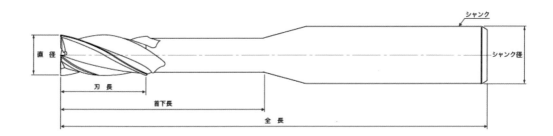

● 直径／外径／工具径

　刃の部分の直径です。直径は∅（パイ／ファイ）記号で表現されますので、「∅2」の工具は「直径2mm」の工具という意味です。ボールエンドミルの場合、半径を示すR（アール）記号で表記されていることがあります。

● シャンク径

　工具を機械側に取り付ける根元の部分の直径です。機械に付属するコレットの直径にあうシャンク径でないと機械に固定することができません。また、直径が細い工具の場合、剛性を高めるためにシャンク径が太くなっているものが多くあります。

● 全長

　工具の全長です。長ければ長いほど深い加工ができますが、あまりに細くて長い工具だと、負荷がかかった際に工具が折れたり工具がぶれたりします。

● 刃長

　実際に刃が付いている部分で、この部分でのみ切削ができます。特に金属加工の場合ですが、刃長以上の深さまで削る場合、シャンク部が常にこすれた状態で加工をすることで仕上がり面が悪くなる場合がありますので注意が必要です。

● 首下長

　工具が途中から細くなっている形状の場合、細い部分の長さを首下長と呼びます。首下がなく、シャンク径と直径が同じ太さの工具も一般的です。

1.10 工具の刃数

工具の刃数については以下の通りです。

2枚刃　　　　　　3枚刃　　　　　　4枚刃

● 2枚刃

切りくずの排出性に優れているため、工具が全刃で当たる溝加工に適しています。一方工具剛性は低く、工具寿命は短めです。

● 3枚刃

切りくずの排出性と工具剛性を兼ね備えた工具で、対角線上に切れ刃がないため、ビビりが発生しにくくなっています。ただし、精密部品を削る際に工具の直径を測りづらく、摩耗しているかどうかを確認しづらいのが欠点です。

● 4枚刃

切りくずの排出性は劣りますが、工具剛性があるため、側面加工などに適しています。工具寿命は刃の数が多い分長めです。

1.11 工具の材質

工具の材質には主に以下の2種類があります。削る対象物（被削材と呼びます）によって工具の材質が最適化されているものもあるため、被削材の材質に合わせて選択する必要があります。

● ハイス鋼

一般的な切削用工具の材質です。価格が安く手に入り、チッピングなどを起こしにくいため、扱いが容易ですが、約600℃程度で硬さが失われるため、高速切削には向かず、耐摩耗性は劣ります。

● 超硬合金

約800℃～1000℃まで硬さを保つことができるため、剛性が高く高速切削が可能で、耐

摩耗性に優れています。一方、チッピングしやすい、価格が高いというデメリットがあります。工具寿命を考えると超硬の方がコストパフォーマンスが優れる場合もあります。

1.12 工具の固定方法

コレットと呼ばれる固定具を使って工具を機械に固定します。それぞれの機械ごとに専用のコレットが必要になり、エンドミルのシャンク径にあったものをそろえる必要があります。

1.13 工具の選定

工具の選定の基本は、できる限り「短く太く」です。

工具が長いと負荷がかかった際に折れやすくなったり、工具が震えて（工具がビビるといいます）加工の精度が出ない場合があります。一般的に、工具の長さが2倍になると、強度は8分の1になる（強度は長さの3乗に反比例する）と言われています。また、太さは2倍すると強度は16倍になる（強度は太さの4乗に比例する）と言われています。

加工したいモデルの深さや材質、購入する工具の価格、必要な精度を考慮して選定する必要があります。

1.14 工具取り付け時の突き出し長さ

　工具を機械に取り付ける際、どの程度工具を出しておくかという長さを、「突き出し長さ」と呼びます。突き出し長さは長いほど深いところまで加工できますが、長ければいいというものではありません。切削工具は横方向に移動して加工をするため、突き出し長さが長いほど剛性が低くなり、工具がたわみやすくなります。一般的に、突き出し長さが 2 倍になると、工具の剛性は 8 分の 1 になる（強度は長さの 3 乗に反比例する）と言われています。

　また、厚い材料を加工する際には、Z 軸の可動域の上限にも注意が必要です。Z 軸を一番上まで上げた状態で以下のような突き出し長さで工具をセッティングした場合、材料の上を通過することができなくなります。逆に、短すぎるとその長さ分しか深く加工できません。

　突き出し長さは、最低限必要な長さを突き出し、なるべく短くなるようにセットしてください。

1.15 切削加工のストック（材料）

　切削加工の対象となる材料は、ストックと呼ばれています。切り売りで、例えば 100 mm ×
100 mm × 30 mm というような寸法で購入したり、好きなサイズにオーダーして購入するこ
とができます。ただし、必ずしも正確な寸法でカットされておらず、多くの場合少し大きめに
カットされて売られています。また、加工をする際には、上面をきれいにならすために「面出
し」と呼ばれる加工を行う場合があります。

　ここでは、卓上の CNC フライスで主に加工できる材料をご紹介します。機械の剛性などに
よって、加工できる材質が違いますので、使用される機械の対応材質をご確認ください。

● ケミカルウッド

ポリウレタンなどの樹脂で作られた人工木材です。木材のような質感を持ちながら、一定
の密度でできた材料のため、非常に削りやすいです。また、材料の密度によって硬さが決
まり、数種類の硬さの材料が販売されています。

● 木材

一般的に、スギやヒノキなどの針葉樹は柔らかく、ホオノキやウォールナット、メイプル
などの広葉樹は固いという特徴があります。木材の質によっては、節があったり加工途中
に繊維がむしりとられたりすることがあるため、ケミカルウッドに比べると加工の難易度
は上がります。

● モデリングワックス

ロウソクに近い材質の固形パラフィンでできている材料です。フィギュア原型やシルバー
アクセサリーの型などに利用されます。柔らかく加工しやすいですが、少し価格が高い
です。

● スタイロフォーム

押出発泡ポリスチレンフォームでできている材料で、断熱材・保湿剤として広く使われて
いる材料です。非常に柔らかく軽い質感で高速で削ることができ、価格が安価であること
から主にモックアップ（試作品）で利用されています。熱には弱いため、工具の回転数は
遅めで送り速度を早く加工する必要があります。

● アクリル

耐久性と高い透明性が特徴の樹脂です。軟化点が 80℃程度、融点が 160℃程度と低いた
め、高速で工具を回転させると溶けて工具に溶着することがあります。スピンドル回転速
度（主軸回転数）は 3,000 rpm 以下に抑えて、切込みを浅くし、薄く早く削るとうまくい
くといわれています。

● アルミニウム
軽くて強く、腐食しにくいという特徴を持った加工しやすい軽金属の代表です。

● 真鍮
適度な硬さと過度ではない展延性を持つため、加工が容易な軽金属の代表です。

1.16 切削条件

切削条件とは、加工をする際にどのようなスピードで工具を回転させるか、どのようなスピードで移動させるか、という条件です。工具の種類や材料、加工の条件によって最適な切削条件は変わってきます。削るスピードが速すぎると工具の刃がかけてしまったり、工具の摩耗が早くなったりします。逆に遅すぎると加工時間が非常に長くなってしまったり、材料によっては工具に材料が溶着（溶けてくっつく）現象が発生したりします。厳密には使用する工具の刃の数などによって変わるのですが、主に「スピンドル回転速度（主軸回転数）」と「切削送り速度」で制御します。

スピンドル回転速度（主軸回転数）

1分間に工具が何回転するかということを決定します。単位はrpmで、機械ごとで最高回転数が決まっています。通常、NCデータで指示された主軸回転数で工具が回転しますが、機械によっては主軸回転速度が決まっているものもあります。
一般的には、削りにくい材料ほど回転数を遅くし、工具が長かったり工具径が太いほど回転数を遅くすることが多いです。

切削送り速度

加工中に1分間に工具が何mm進むかということを決定します。単位はmm/minです。
一般的には、刃の枚数が少ないほど送りは遅くし、一度に削る量が多いほど送りを遅くすることが多いです。

一般的に、スピンドル回転速度（主軸回転数）を早くすると、刃が材料を削り取る速度が速くなるため、送り速度も速くすることができます。しかし、高速で硬い被削材に当たり続けることになるため、工具の寿命は短くなったり、工具の刃欠け（チッピング）にもつながるため、注意が必要です。
よく、「最適な切削条件を教えてください」という話が出ますが、非常に難しい問いです。基本的には工具メーカーが「推奨切削条件」を出していますので、それに基づいて決定する事が多いですが、一概にその通りにすれば良いというものではありません。

切削条件を決定する際には、以下の要素を考慮する必要があります。

- 機械の軸構成や剛性
- 加工する対象（被削材）の硬さや粘り
- 使用する工具の材質や特殊なコーティングの有無
- 工具の刃の切れ味（新品か使い込んだものか）
- 工具の突き出し長さ
- 一度に削り取る材料の量　　　等々……

　切削加工はこれらの要素によって最適な解が大きく異なってきます。本書に記載している切削条件も、ある一定の条件下での値ですので、初めて加工される際には切削送り速度を遅く設定し、様子を見ながら加工にチャレンジされるのをおすすめします。

1.17　切込みピッチと切削ピッチ

　切削条件を決める際に重要なのが、加工条件です。加工する際に、工具がZ方向に何mmずつ削っていくかを表す「切込みピッチ」と、工具がXY方向に何mmずつ削っていくかを表す「切削ピッチ」があります。
　左の図のように、工具直径分を一気に削る際には工具負荷が増え、右の図のように少しずつ削る際には工具負荷は減ります。

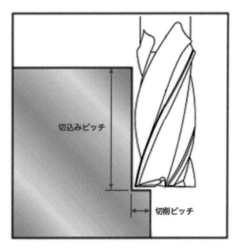

1.18 NC データの仕組み

　NC データの中は多くの場合テキスト情報が入っており、メモ帳などのテキストエディタで開くことが出来ます。テキストエディタで開くと、以下のような記述がされており、設定の初期化を行うヘッダー部分、実際の工具の移動座標が書かれた部分、加工終了時にリセットするフッター部分に分かれています。

```
%
O1001
(T8 D=2. CR=0. - ZMIN=0. - FLAT END MILL)
G90 G94 G17 G49 G40 G80
G21
G28 G91 Z0.
G90
```

設定の初期化
（絶対座標指令形式、工具長補正、
工具径補正キャンセルなど）

```
(FACE)
T1
S15000 M03      主軸回転数を 15,000rpm、主軸正転
G54             ワーク座標系指定
G00 X0 Y0.      早送りで X0 Y0 に移動
G00 Z15.        早送りで Z15 に移動
G01 Z12. F1000. 送り速度 1,000 mm/min で Z12 に移動
G01 X100.       送り速度で X100 に移動
G01 Y5.
G01 X0.
G01 X100 Y-5.
G01 X0 Y0.
G01 Z15.
```

G00.......	早送り
G01.......	直線補完
G02.......	円弧補間 時計回り
G03.......	円弧補間 反時計回り
S............	主軸回転数
F............	送り速度
	etc.

```
G28 G91 Z0.
G28 X0. Y0.
M30
%
```

設定のリセット、プログラムエンド

テキストエディタで編集することもできますが、G コードや M コードの意味を熟知していないと機械が思わぬ動作をすることがあり、大変危険です。

加工の基礎知識

　NC データを作成して加工を開始する際には、安全に加工できるかのチェックが重要です。ワーク座標系（加工原点）の設定ミス等で工具がテーブルやストックに衝突し、最悪機械を破損してしまうことがあるためです。

　安全に加工をするため、加工開始時に NC データを 1 行ずつ実行し、その都度実際の機械の動作と照らし合わせて確認していくことで、事故を未然に防ぐことができます。ここでは NC データを実行する際に最低限おさえておくべきポイントをご紹介します。

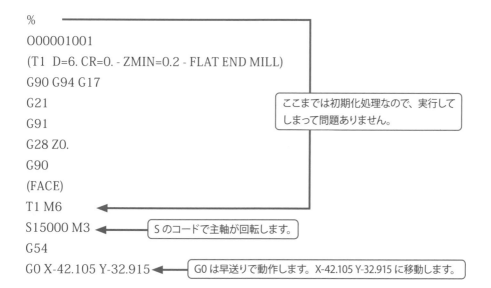

```
%
O00001001
(T1  D=6. CR=0. - ZMIN=0.2 - FLAT END MILL)
G90 G94 G17
G21
G91
G28 Z0.
G90
(FACE)
T1 M6
S15000 M3
G54
G0 X-42.105 Y-32.915
```

ここまでは初期化処理なので、実行してしまって問題ありません。

S のコードで主軸が回転します。

G0 は早送りで動作します。X-42.105 Y-32.915 に移動します。

G43 Z35. H1 ←

G0 Z25.

Z17.2

G1 Z16.6 F1440. ←

X-42.103 Y-32.908 Z16.506

X-42.098 Y-32.887 Z16.415

X-42.089 Y-32.852 Z16.328

X-42.076 Y-32.804 Z16.247

X-42.061 Y-32.745 Z16.176

X-42.043 Y-32.676 Z16.115

X-42.024 Y-32.598 Z16.065

X-42.002 Y-32.514 Z16.029

X-41.979 Y-32.425 Z16.007

X-41.956 Y-32.334 Z16.

G3 X-41.486 Y-29.068 I-14.839 J3.801

G1 Y-28.918 F1500.

X-41.664 Y-28.02 ……
⋮

> ここから Z 軸が動作します。設定したワーク座標系（Z=0）の位置からの距離がこの数値通りになっているかを確認します。例えば、捨て板の上面を Z=0 に設定しているのに、ここに「Z-20.」と記載されていたとすると、捨て板より下に工具が移動する事になります。その場合、加工を中止し、設定を見直してください。

> G1 は切削送りで動作します。F のコードは切削送り速度です。ここでも Z の値に注目し、設定した Z=0 の位置との距離を確認してください。

> これ以降、Z が徐々に下がっていることが確認できます。これらはらせん状に切り込む「ランプ」の動作ですので、これ以降は実行しても問題ないと判断できます。

第2章

ドローンをつくろう

次の内容を学習します。

- ●セットアップの方法
- ●ツールパスの作成方法（2D 輪郭、スロット、円形）
- ●シミュレーション
- ●ポスト処理

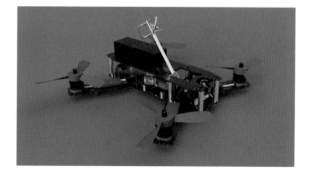

2.1　この章の流れ

この章では、ドローンのデータを作成しながら、基本の4ステップ「加工準備」、「ツールパス作成」、「シミュレーション」、「NCデータの作成」を学びます。

加工データを作成する前のモデルデータの準備を学びます。（2.3）

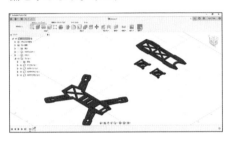

基本ステップ1:「加工準備」を学びます。（2.4）

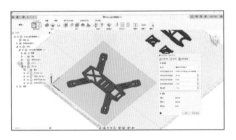

基本ステップ2:「ツールパス作成」を学びます。（2.5）

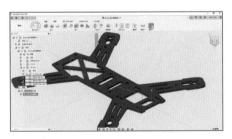

基本ステップ3:「シミュレーション」を学びます。（2.6）

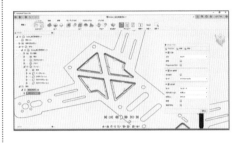

基本ステップ2、3を繰り返し、製品が仕上がるツールパスを作成します。（2.7 ～ 2.14）

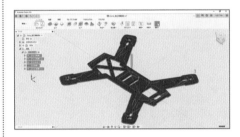

基本ステップ4:「NCデータの作成」を学びます。（2.15）

2.2 加工の概要

材料：　　　　　CFRP（カーボン）

使用する工具：　∅2フラットエンドミル

使用する機械：　KitMill RZ300/420

加工方法：　　　片面加工

固定方法：　　　両面テープ

加工データ提供：株式会社オリジナルマインド様

2.3 加工準備

　データパネルを開き、［アップロード］ボタンを選択します。［ファイルを選択］で「Drone.f3d」を選択し、アップロードします。

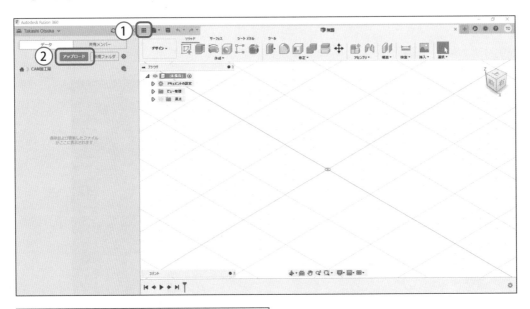

使用するデータは、以下の URL からダウンロードできます。

　　　https://cad-kenkyujo.com/book/（「スリプリブック」で検索）

「ドローンをつくろう」フォルダの「Drone.f3d」を使用します。ツールパス作成から作業をされる場合、「Drone_ 加工準備済み .f3d」ファイルをアップロードし、2.3 節「セットアップ」から開始してください。

　「Drone」ファイルを開き、ブラウザから「プロペラユニット」と「メイン」コンポーネントを非表示にします。

　[修正] - [位置合わせ] で、「オブジェクト」を「コンポーネント」に設定し、「バッテリーフレーム」の上面を選択します。

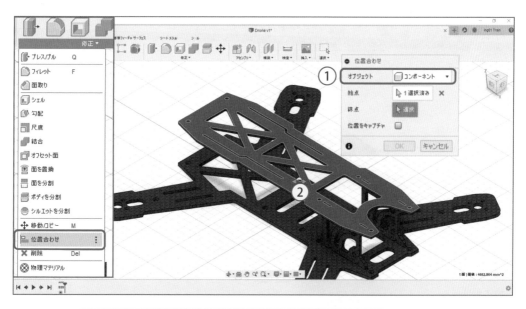

位置合わせをする際には、カーソルが以下のように変化しない位置でクリックしてください。

「ベースフレーム」の上面を選択し、[OK]で確定します。

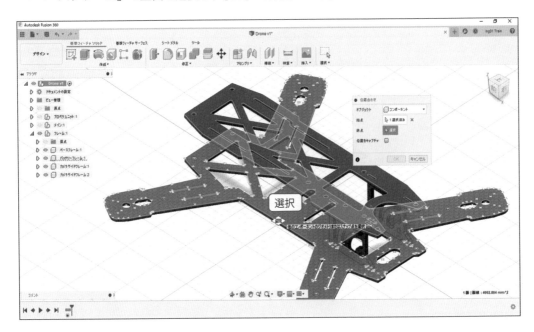

[修正]-[移動/コピー]を選択します。

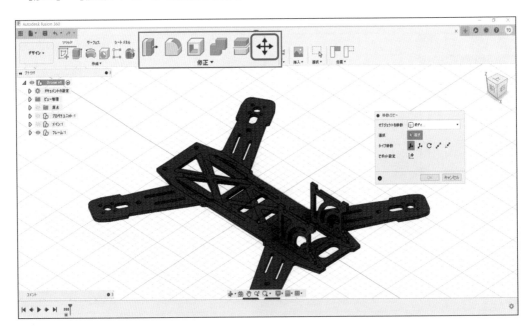

「オブジェクトを移動」を「コンポーネント」に変更し、ブラウザから「フレーム」-「バッテリーフレーム」を選択します。

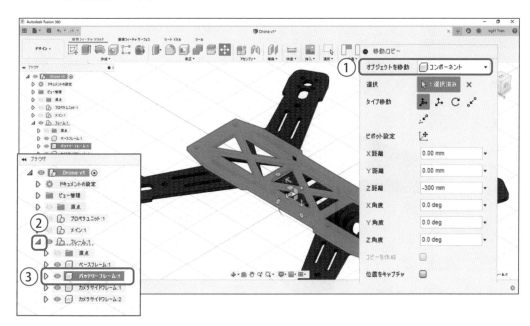

以下の方向（Z 距離）に、「−300 mm」移動します。

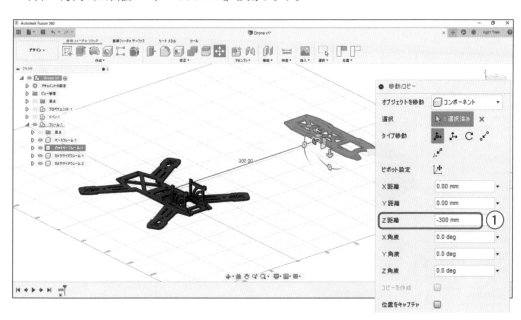

　［修正］-［位置合わせ］で「カメラサイドフレーム」の側面と、「ベースフレーム」の上面を選択し、位置を合わせ、「反転」で板の高さを揃え、［OK］で確定します。

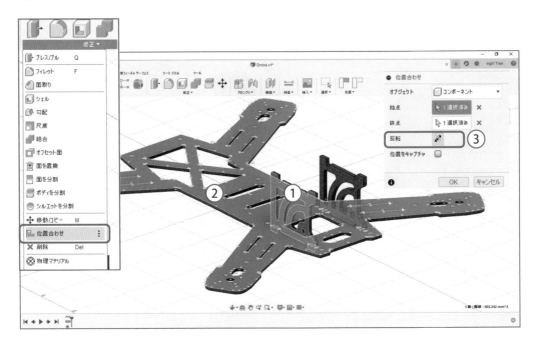

　再度同様の操作で、もう一方の「カメラサイドフレーム」の側面と、「ベースフレーム」の上面を揃えます。

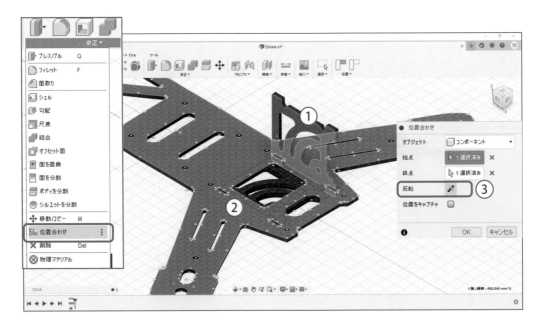

［修正］-［移動 / コピー］を選択します。

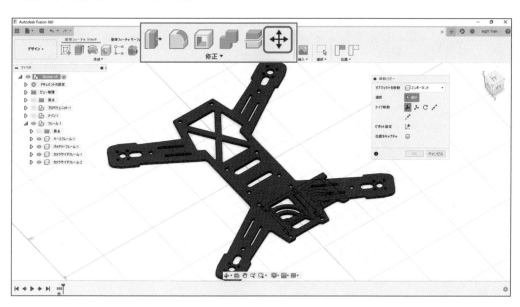

ブラウザから2つの「カメラサイドフレーム」を、Ctrl キー（Mac は⌘キー）を使用して選択し、以下の方向（Y 距離）に「200 mm」移動し、［OK］で確定します。

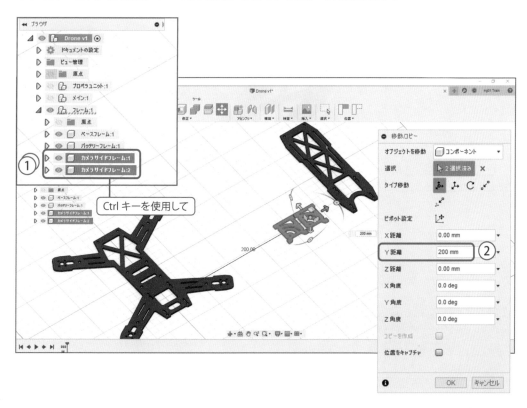

［修正］-［移動 / コピー］を選択します。

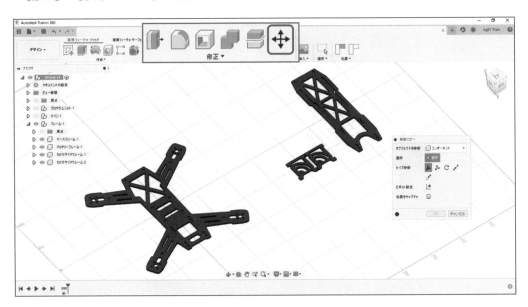

ブラウザから「カメラサイドフレーム:2」を選択し、以下の方向（X距離）に「60 mm」移動します。連続して以下の方向（Y距離）に「32 mm」移動し、［OK］で確定します。

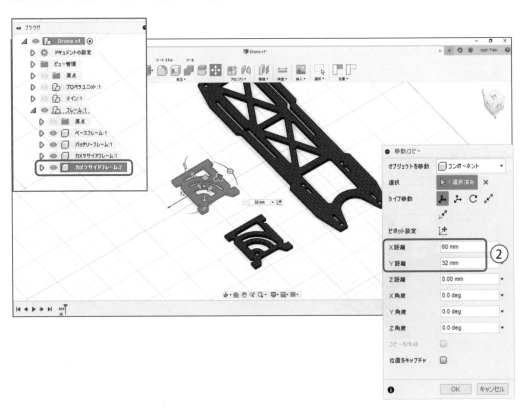

［位置］-［位置をキャプチャ］で移動後の位置をキャプチャします。

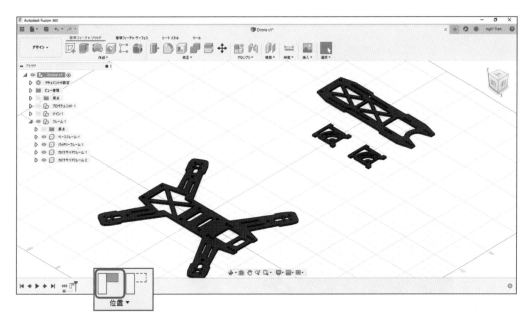

 コンポーネントを移動すると、［位置をキャプチャ］コマンドが表示されます。位置をキャプチャすると、タイムラインにキャプチャした履歴が残るため、履歴マーカーを戻すことでいつでもアセンブリ状態に戻すことができます。

2.4 セットアップ

作業スペースを［製造］に変更します。

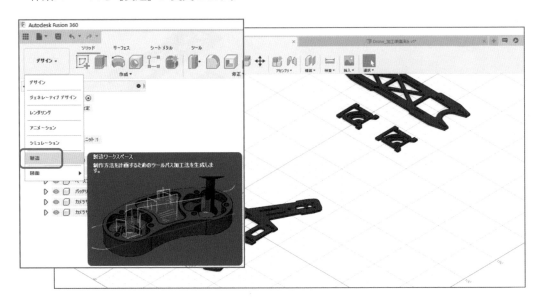

［設定］-［設定］で、加工のための準備を行います。セットアップでは、①ワーク座標系（WCS）と②材料サイズ（ストック）を設定します。

ベースフレームのみを加工するため、「モデル」の「無」を選択し、ベースフレームを選択します。

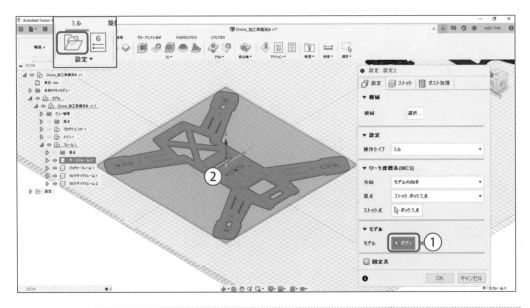

 「モデル」で設定したボディが、加工対象となります。

「ストック点」の「ボックス点」を選択し、左下の一番上の点を選択します。

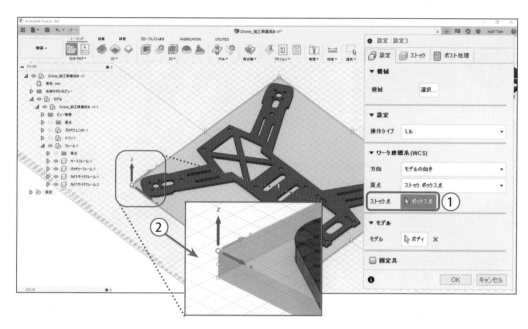

必ず、+Z方向から工具が下りてくるように加工原点を設定します。

「ストック」タブで、「ストック サイド オフセット」を「30 mm」、「ストック トップ オフセット」を「0 mm」、「切り上げ」を「1 mm」に設定します。

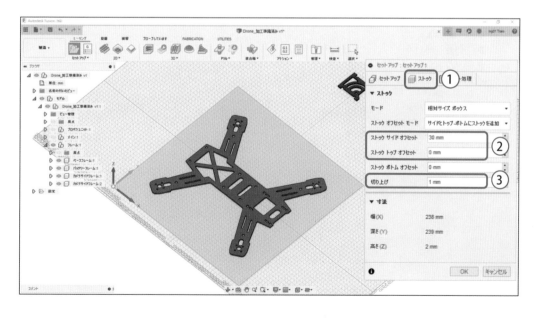

設定途中で Enter キーを押してしまうと、コマンドが確定します。Tab キーで次のフィールドにカーソルが移動するため、Enter キーを押さないように作業をしてください。

「モード」が「相対サイズ ボックス」に設定されている場合、加工する形状の最大外形から、何 mm オフセットした大きさの材料をストックとするかを設定できます。「切り上げ」の設定により、板の寸法をキリの良い数字に丸めることができます。

切り上げ	0 mm		切り上げ	1 mm
▼ 寸法			**▼ 寸法**	
幅 (X)	237.221 mm		幅 (X)	238 mm
深さ (Y)	238.025 mm		深さ (Y)	239 mm
高さ (Z)	2 mm		高さ (Z)	2 mm

ワーク座標系（加工原点）の位置は、任意で設定することが可能です。重要なのは、CAM上で設定したワーク座標系（加工原点）と、加工機で設定した原点の位置が一致していることです。

ブラウザで、「バッテリーフレーム」、「カメラサイドフレーム」を非表示にします。

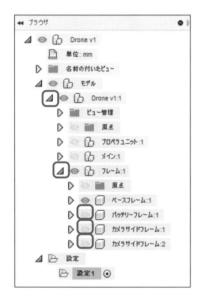

2.5 切り抜きのツールパスをつくろう

［2D］-［2D 輪郭］で、切り抜くためのツールパスを作成します。

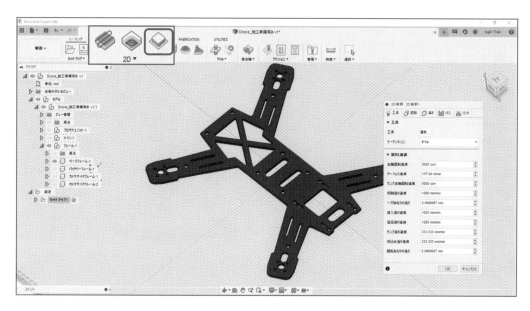

　作成するツールパスの動作は、ダイアログボックスで設定します。様々な設定がありますが、設定すべき項目の概要は以下の通りです。

	[工具] タブ 工具の選択と、切削条件を設定します。
	[形状] タブ 加工する範囲や加工しない範囲を設定できます。
	[高さ] タブ 加工途中に退避する際の高さや、加工する範囲の最大高さや最小高さを設定します。
	[パス] タブ ツールパスの動作に関する設定を行います。
	[リンク] タブ 2つのツールパスの間の動きや、どのように形状に入っていき、どのように出ていくか（リードイン／リードアウト）を設定できます。

ダイアログボックスの大きさが小さい場合、アイコンのみが表示されます。ダイアログボックスの右下をドラッグしてダイアログを大きくしてください。

［工具］タブの「工具」の「選択」で工具を選択します。

右側のフィルタから「ツールカテゴリ」-「ミーリング」、「タイプ」-「フラット エンドミル」を選択します。

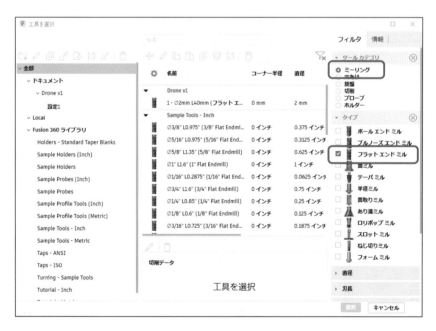

「直径」を開き、「選択」-「等しい」を選択します。

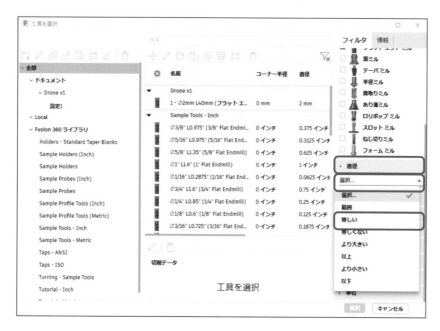

表示された寸法フィールドに「2mm」と入力し、工具を抽出します。

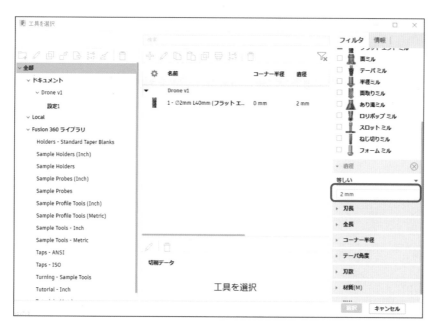

　工具リストから、一番上の「1 - ∅ 2 mm L40（フラット エンドミル）」を選択し、[選択] を選択します。

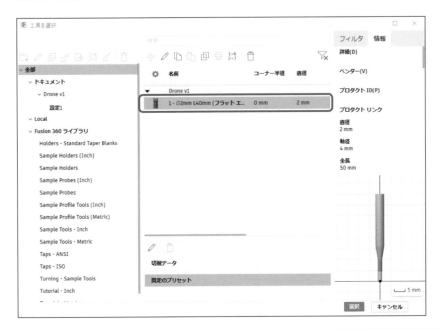

　工具についての詳細は、第 1 章「加工の基礎知識」の 1.7 節「切削加工用の工具」をご参照ください。

　切削条件を設定します。「切削送り速度」に「600 mm/min」を入力します。

設定した値は、株式会社オリジナルマインド製のKitMillRZ300/420（100Wスピンドル）を使用してCFRP（カーボン）を切削することを考慮して設定しています。本加工についての詳細は、http://www.originalmind.co.jp/products/kitmill_rz#5 を参照ください。

KitMillシリーズは、Fusion 360 で設定した「スピンドル回転速度」ではなく、定格回転数で回転します。スピンドルの種類によって回転数は変わりますので、機械仕様をご確認の上ご使用ください。

　　　http://www.originalmind.co.jp/products/kitmill_rz#4

最適な切削条件は、材料の材質、工具の材質、工具の直径、工具の突き出し量によって変わりますので、ご注意ください。切削条件については、第1章「加工の基礎知識」の1.15節「切削条件」をご参照ください。

［形状］タブを選択し、「輪郭選択」で以下のエッジを6箇所選択します。

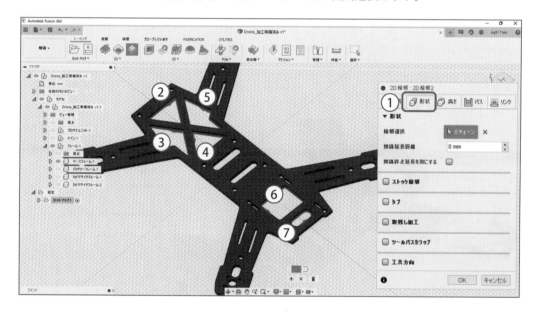

必ず形状の底のエッジを選択してください。選択したエッジが加工する際の一番低い位置として認識されます。

　加工した後、端材が切り離されないように、部品を保持するためのタブ形状を設定します。「タブ」にチェックを入れ、「タブ幅」に「2 mm」、「タブ高さ」に「0.5 mm」、「タブ距離」に「20 mm」を入力し、[OK]で確定します。

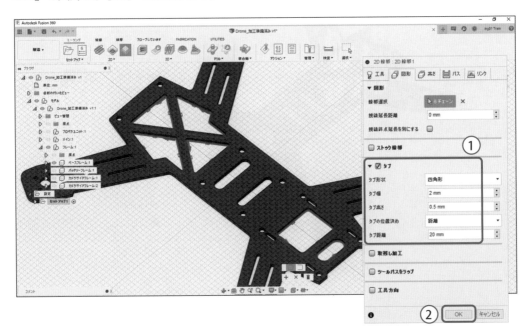

入力フィールドの上にマウスを乗せると、そのフィールドの設定に関するヘルプが表示されます。

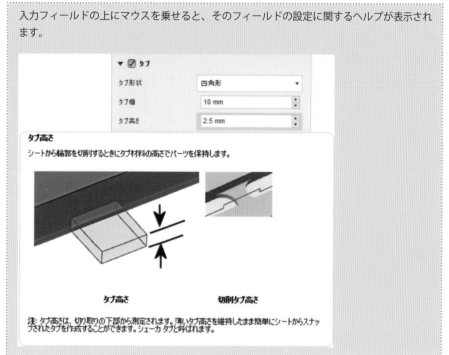

ツールパスが作成されました。ツールパスとは、ツール（工具）のパス（軌跡）という意味です。

青い線は加工をしている部分、つまり、設定した「切削送り速度（600 mm/min）」で動作して切削するパスで、黄色い線は機械が動作可能な最大スピード（早送りスピード）で動作するパスです。

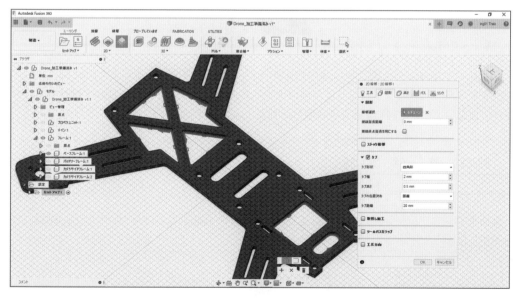

ツールパスの詳細は、第1章「加工の基礎知識」の1.5節「ツールパス」をご参照ください。

作成されたツールパスの名称「[T1]2D 輪郭 1」の最後の数字は、コマンドを実行またはキャンセルする毎に増える数字です。テキストと異なる数字になっていても問題ありません。

2.6 シミュレーションをしよう

[アクション] - [シミュレーション] で加工シミュレーションを確認します。「シミュレーションを開始」を選択し、シミュレーションを開始します。

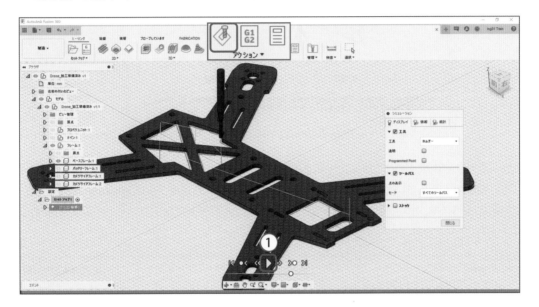

シミュレーションバーで、シミュレーションのスピード調整をすることができます。丸いマークを真ん中に移動するとシミュレーションスピードが遅くなり、右に移動すると早くなります。真ん中より左に移動すると逆再生となります。

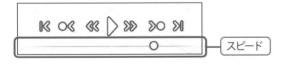

スピード

最後までシミュレーションをしたあとで再度初めから見るには、「ツールパスの先頭に移動」を選択します。

ツールパスの先頭に移動

　「ストック」のチェックを入れ、削り上がりのストック（材料）を確認します。見やすい表示にするために、「カラライゼーション」を「材質 (M)」、「材質 (M)」を「セラミック」に設定します。

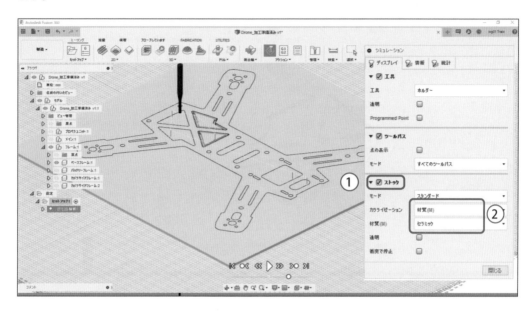

　「ツールパスの末尾に移動」を選択すると、シミュレーション動作を行わず、ストックの計算結果のみが表示されます。

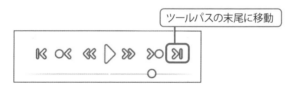

ツールパスの長さが長いと、計算に時間がかかる場合があります。
画面下のバーに表示される赤いバーが計算の進捗状況を示していますので、赤いバーが一番右に到達するまで待ちましょう。

切削結果が表示されます。タブ部分が残っており、真ん中の端材が外れないようになっているのが確認できます。

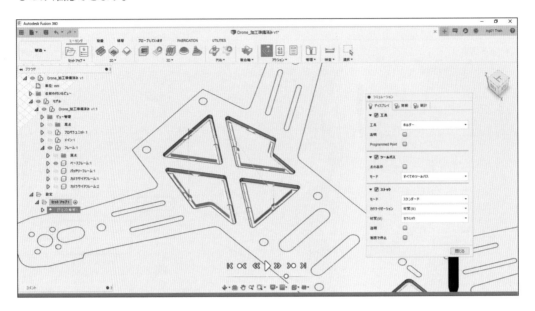

[閉じる] を選択し、シミュレーションを終了します。

シミュレーションの使い分け

シミュレーションをする際には、①工具の動作を確認したい場合と、②切削の結果を確認したい場合があります。

① 工具の動作を確認したい場合

どのような順序で加工しているのか、といった工具の動作を確認する場合、ツールパスを表示／非表示しながら、「ストック」にチェックを入れない状態でシミュレーションすると見やすいです。

「モード」を切り替えると、任意のツールパスのみを表示できます。

- すべてのツールパス：すべてのツールパスが表示されます。
- 以前のツールパス：シミュレーションによって動作が終わった箇所のツールパスのみが表示されます。
- 以後のツールパス：シミュレーションによって動作が終わっていない箇所のツールパスのみが表示されます。
- 操作のツールパス：複数のツールパスを選択してシミュレーションしている場合、シミュレーション中のツールパスのみが表示されます。
- テール：シミュレーションによって動作が終わった直後のツールパスの一部のみが表示されます。

② 切削の結果を確認したい場合

「ストック」のチェックを入れておくことで、どのように切削されていくかを表示できます。工具の動作とともにストックを削り取っていく計算を行うため、複雑な形状になると計算時間が長くなる事があるため、工具の動作のみを確認したい場合には①の方法で確認してください。

切削結果のみを表示したい場合、「ツールパスの末尾に移動」が便利です。

$\mathbb{K}$ ∞ $\ll$ $\triangleright$ $\gg$ $\gg$ $|\gg|$ ── ツールパスの末尾に移動

2.7 ツールパスを編集して切込み回数を増やそう

作成した「2D 輪郭」のツールパスを編集します。ブラウザで「[T1] 2D 輪郭 1」をダブルクリック、または右クリック［編集］を選択します。

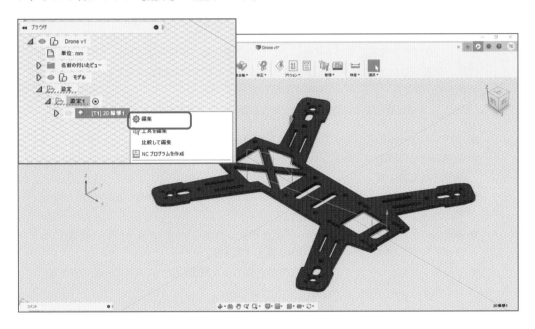

［パス］タブを選択し、「複数深さ」にチェックを入れ、「最大粗取り切込みピッチ」を「0.4 mm」に設定し、［OK］で確定します。

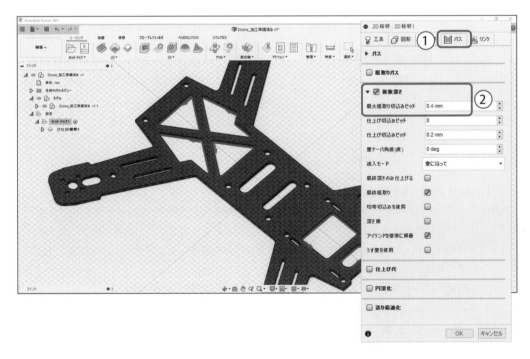

ツールパスが作成されました。「複数深さ」を設定することで、複数回に分けてZ方向に切り込むツールパスになります。

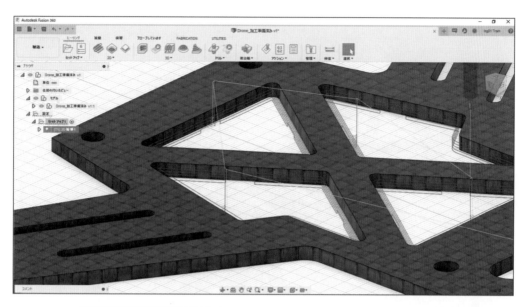

硬い材料を切削する場合、直径2mmの工具で2mmの深さを一気に削ると工具が折れてしまう場合があります。切込みピッチを小さくすることで工具負荷を低減できます。
切込みピッチについては、第1章「加工の基礎知識」の1.16節「切込みピッチと切削ピッチ」をご参照ください。

工具の進入と退出の動作を変更します。ブラウザで「[T1] 2D輪郭1」をダブルクリック、または右クリック［編集］を選択します。

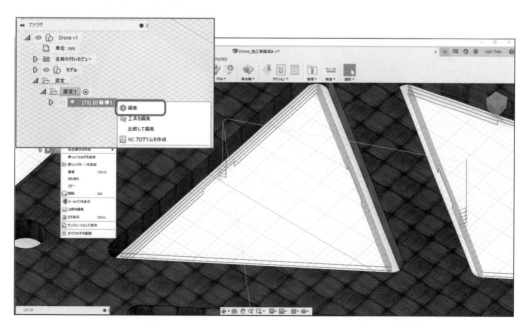

　[リンク] タブで「水平進入半径」を「0 mm」、「進入内角度」を「0 deg」、「直線進入距離」を「0.2 mm」、「垂直」のチェックをONにし、「退出」のチェックをOFFにし、[OK] で確定します。

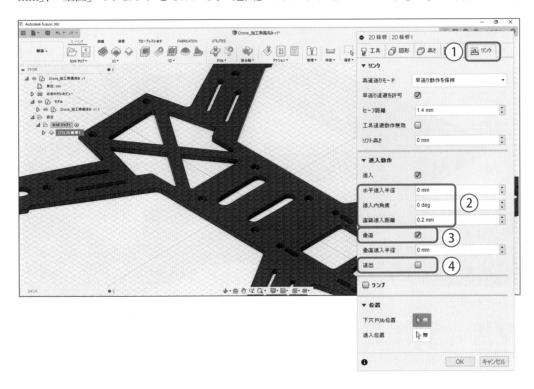

　垂直に進入するツールパスが作成されました。

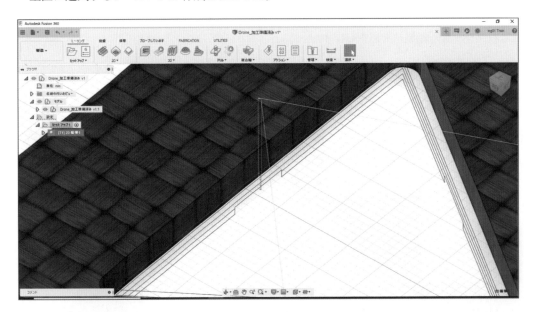

2.8 加工箇所を増やそう

作成した「2D 輪郭」のツールパスを編集します。ブラウザで「[T1] 2D 輪郭 1」をダブルクリック、または右クリック［編集］を選択します。

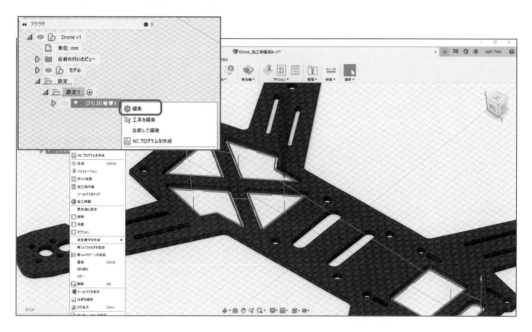

［形状］タブを選択し、以下の穴と長穴のエッジを、8 箇所選択します。

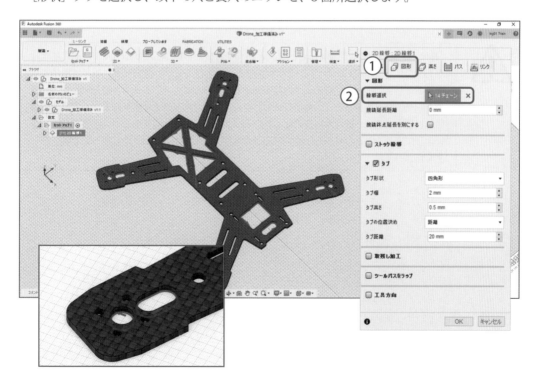

2.9 退避高さを変更しよう

　ある箇所を加工してから他の加工箇所に移動する際、どの高さまで退避して移動するかを設定します。

　[高さ] タブを選択し、「送り高さ」を「1 mm」に、「退避高さ」を「2 mm」に、「移動高さ」を「2 mm」に設定し、[OK] で確定します。

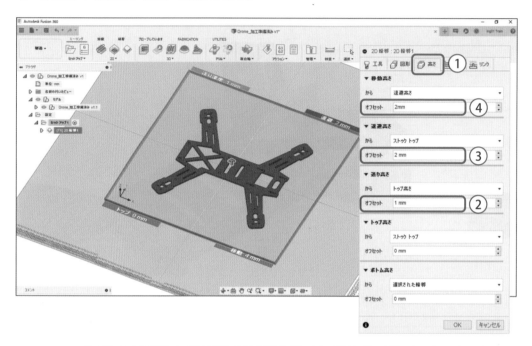

　[高さ] タブの設定を間違えると、工具と材料や機械と材料がぶつかる（干渉する）危険性があります。3D プリンターのような積層でカタチを作っていく方式だと、干渉は考慮する必要がありませんが、切削加工は材料を削り取っていくことでカタチを作るため注意が必要です。干渉が発生すると、工具が折れてしまう、材料を削りすぎて使えなくなる、最悪の場合機械自体が壊れ、修理が必要になるというリスクがあります。そのため、干渉が発生しないように必ずシミュレーション機能で干渉がないかを CAM でチェックしたうえで加工をしてください。

高さの設定を極めよう

Fusion 360 の「高さ」の設定は、項目が多く初めのうちは混乱することが多いです。それぞれの設定の意味をしっかり理解することで安全な加工ができますので、まとめて覚えましょう。

［高さ］タブの設定の詳細は以下の通りです。

● 移動高さ：ツールパスが開始する高さ、並びに終了する高さです。次のツールパスオペレーションの開始位置に移動する際の高さでもあります。
● 退避高さ：1 つのツールパスの中で、次の加工場所まで移動する際の高さです。
● 送り高さ：早送りから切削送り速度に変化する高さです。
● トップ高さ：実際に加工する高さの一番高い位置の Z 高さです。
● ボトム高さ：実際に加工する高さの一番低い位置の Z 高さです。

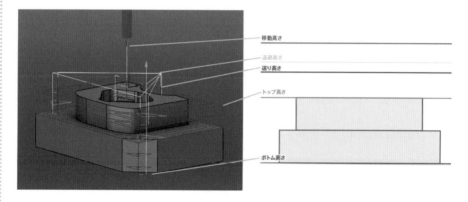

これらの高さの設定が、ダイアログボックスでできるようになっています。下図のダイアログボックスの意味は、「トップ高さ」の高さを、ストックトップ（材料の一番高い位置）から 0 mm の位置に設定する、という意味です。

「から」と書いてあるドロップダウンで、基準とする高さ位置を決定し、「オフセット」の数値で基準とする高さから何 mm 上（または下）の高さに設定するかを設定できます。

2.10 ツールパスをコピーしよう

ブラウザで「[T1] 2D 輪郭 1」を右クリックし、［重複］を選択します。

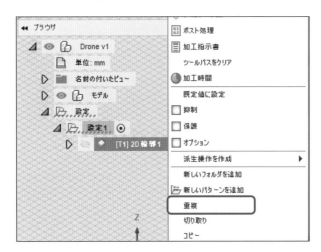

ツールパスをコピーする場合、各操作の設定内容がコピーされます。

ブラウザで「[T1] 2D 輪郭 1 (2)」をダブルクリック、または右クリック［編集］を選択します。

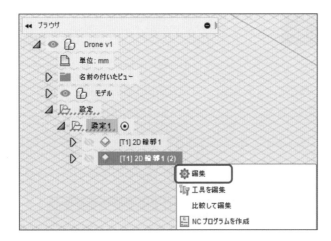

　［形状］タブで「輪郭選択」の「×」を選択し、加工する輪郭をすべてキャンセルします。以下の2箇所のエッジを選択します。

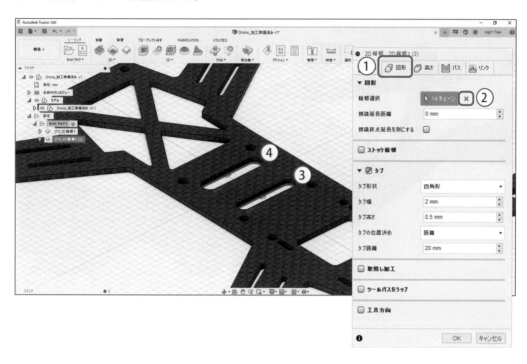

　「タブの位置決め」を「点で」に変更し、以下の4箇所の任意の点を選択し、［OK］で確定します。

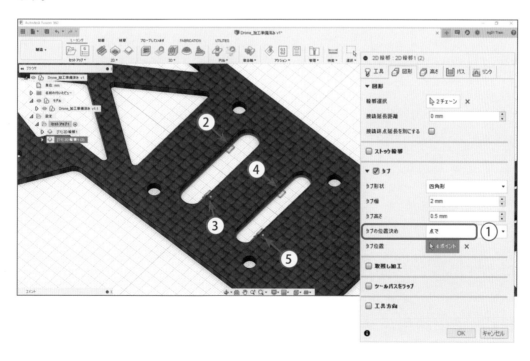

ツールパスが作成されました。

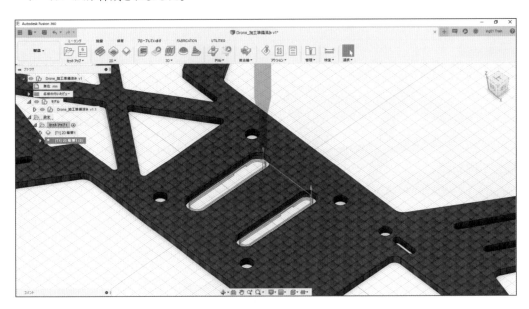

2.11 シミュレーションをしよう

ブラウザで「[T1] 2D 輪郭 1」と、「[T1] 2D 輪郭 1 (2)」を Ctrl キー（Mac は ⌘キー）を使って複数選択し、[アクション] - [シミュレーション] を選択します。

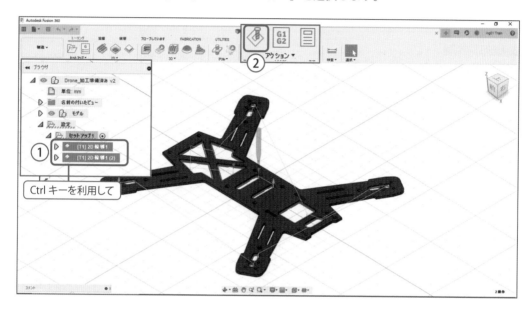

「シミュレーションを開始」でシミュレーションを行います。「ツールパス」のチェックを外すことで、ツールパスを表示せずに削り上がりの状態を確認できます。

確認ができたら、[閉じる] でシミュレーションを終了します。

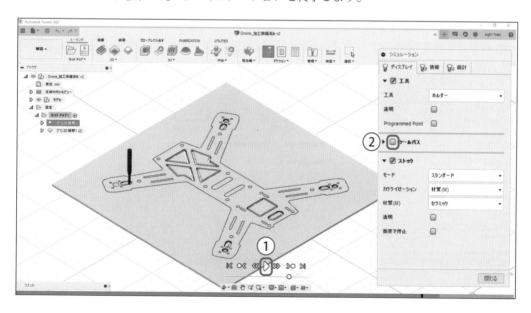

2.12 溝加工をしよう

[2D] - [スロット] で溝部分の加工を行います。[形状] タブを選択し、「ポケット選択」で以下の 12 箇所のエッジを選択します。選択するエッジは、形状の底のエッジです。

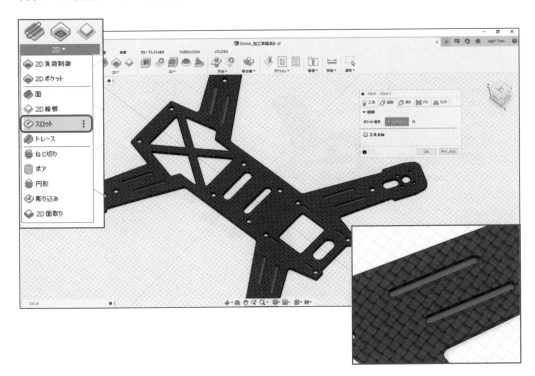

[パス] タブを選択し、「複数深さ」のチェックを ON にし、「最大粗取り切込みピッチ」を「0.3 mm」に設定します。[リンク] タブを選択し、「ランプ タイプ」を「切込み」に設定し、「ランプ除去高さ」を「1 mm」に設定します。

　［高さ］タブを選択し、「送り高さ」を「1 mm」に、「退避高さ」を「2 mm」に、「移動高さ」を「2 mm」に設定します。［工具］タブを選択し、「切込み送り速度」を「60 mm/min」に設定します。

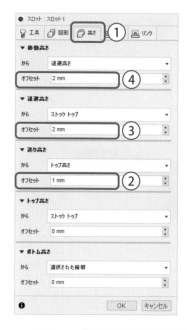

 「切込み送り速度」は、垂直に工具が進入する際の速度を設定します。切込み部は、ツールパスの赤い部分で表現されます。

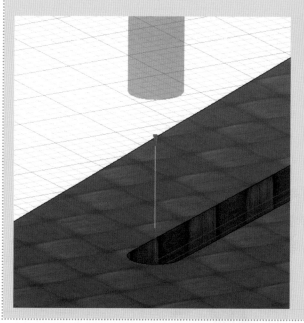

 「ランプ除去高さ」は、加工材に進入する動作を開始する高さを設定します。上の図で赤い部分の開始高さになります。

ツールパスが作成されました。

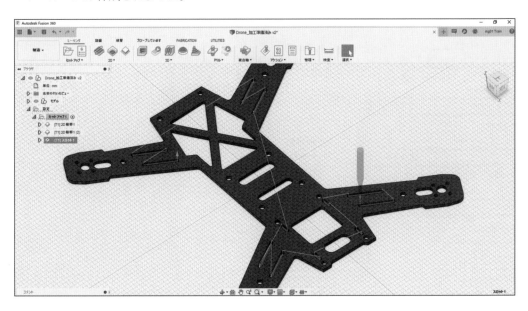

2.13 穴加工をしよう

[2D] - [円形] で [形状] タブを選択し、以下の 4 種類の穴の側面を選択し、「同じ直径を選択」を有効にすると残りの穴が自動選択されます。

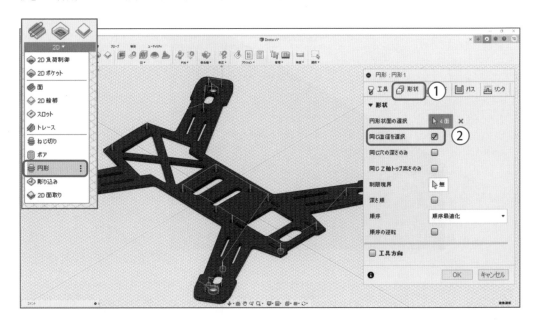

　［高さ］タブで「移動高さ」を「2 mm」、退避高さを「1 mm」に設定します。

　［パス］タブで「複数深さ」のチェックを ON にし、「最大粗取り切込みピッチ」を「0.3 mm」に設定します。

　［リンク］タブで、「中心へ進入」のチェックを ON にし、［OK］で確定します。

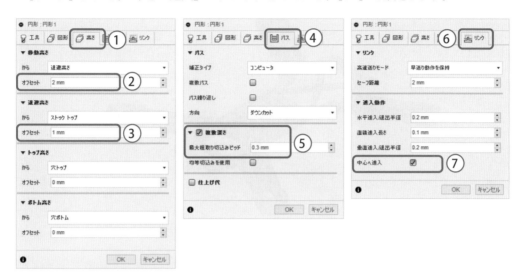

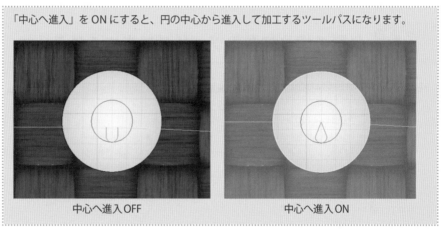

「中心へ進入」を ON にすると、円の中心から進入して加工するツールパスになります。

中心へ進入OFF　　　　　　　　　　中心へ進入ON

ツールパスが作成されました。

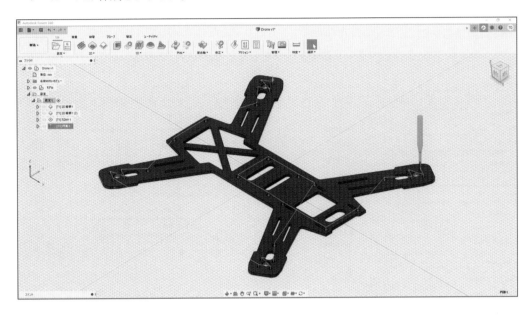

2.14 外形の切り抜きのツールパスをつくろう

内枠のツールパスをコピーして利用します。

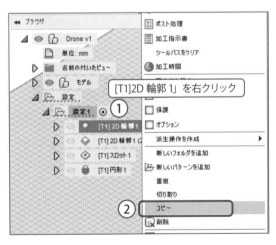

ブラウザで「[T1] 2D 輪郭 1(3)」をダブルクリック、または右クリック［編集］を選択します。［形状］タブで、「輪郭選択」の「×」で選択解除します。

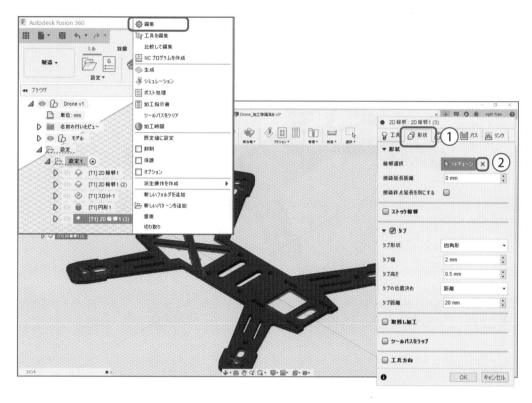

外形の底側のエッジを選択し、「タブ距離」を「40 mm」に設定し、［OK］で確定します。

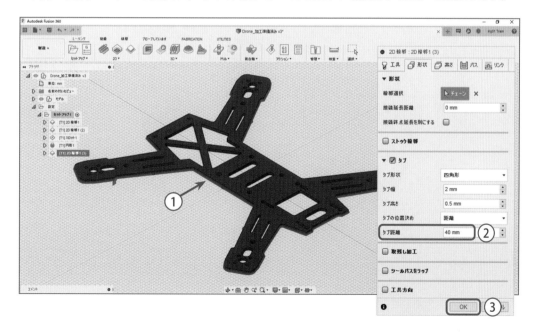

ツールパスが作成されました。

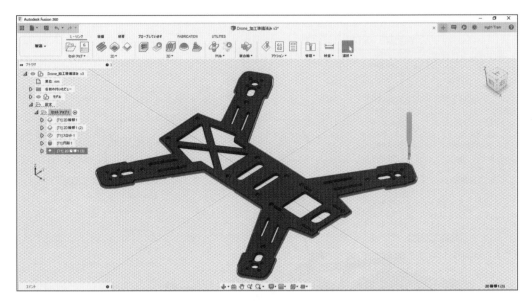

 これ以降、シミュレーションの確認については特段指示をしませんが、ツールパスを作成後には必ずシミュレーションで工具の動作や削り上がりの結果を確認してください。

 シミュレーション時には、ブラウザでシミュレーションを見たいツールパスを選択後、[アクション] - [シミュレーション]でシミュレーションを実行します。

加工の順番はどう決める？

　加工の順番は、安全できれいに加工するために重要です。今回の加工では、あえて外枠から削り始めず、内枠から削り始めています。

　これは、はじめに外枠を削ってしまうと、タブでつながれただけの状態のベースフレームから内枠を削ることになるため、加工時の負荷により振動が発生したり、負荷がかかったタブが折れてしまったりする可能性があるためです。

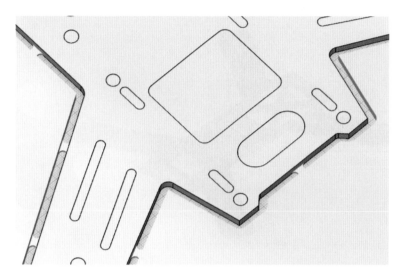

　内枠から削ると、材料全体がしっかりと固定された状態で加工ができるため、内枠の加工精度が良くなります。

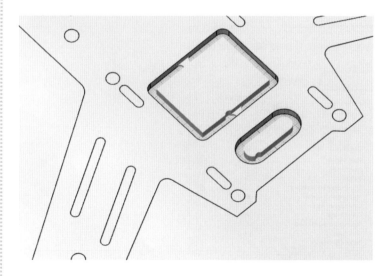

　ただし、これは加工する材料や使用する機材や工具によって、順番が関係なくなる場合もあります。どちらが良いかは削る物によって想像力を働かせながら判断してください。

2.15 ツールパスを NC データに変換しよう

　ブラウザで Ctrl キー（Mac は⌘キー）または Shift キーを使って、すべてのオペレーション
を選択し、［アクション］-［ポスト処理］を選択します。

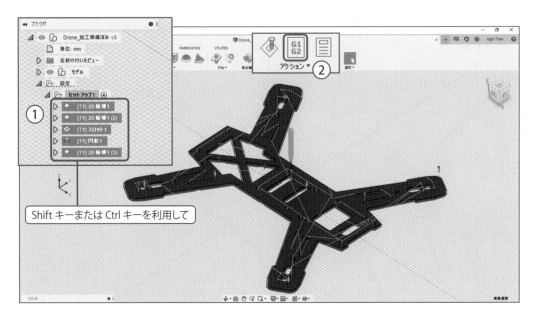

　ドロップダウンリストから、「Eding CNC/USBCNC / eding」を選択します。

　Mac の場合、以下のようなダイアログボックスが表示されます。「ポスト プロセッサ」のドロップダウンリストから、「Eding CNC/USBCNC」を選択します。

　「ポスト コンフィグ」、Mac の場合「ポスト プロセッサ」のドロップダウンに表示されるのが、標準で Fusion 360 にインストールされているポストプロセッサです。「Eding CNC/USBCNC」は KitMill シリーズの制御ソフトである USBCNC の標準ポストプロセッサです。ポストプロセッサは、使用する工作機械に合わせたものを選択する必要があります。

　「プログラム名と番号」に「1001」と入力し、「エディタで NC ファイルを開く」にチェックを入れ、［ポスト］を選択します。

　Mac の場合、「プログラム番号」に「1001」と入力し、「エディタで NC ファイルを開く」に
チェックを入れ、[OK] を選択します。

「プログラム名と番号」は、プログラムを示す番号です。任意の数字を入力してください。1
度入力すると、次回からは自動的に入っているため、変更する必要はありません。

　任意のフォルダに任意の名前で保存します。

Mac を使用している場合、拡張子が付加されない場合がありますので、「.cnc」をつけてく
ださい。

初回のポスト処理の際、以下のダイアロ
グボックスが表示されます。作成した NC
データのエディタとして、Microsoft 社の
「Visual Studio Code」のインストールの
確認となります。
[OK] を選択するとインストールされ、
「Visual Studio Code」が関連付けされます。
[キャンセル] を選択すると、OS の規定
のテキストエディタで表示されます。

変換が完了すると、作成された NC データがエディタで表示されます。

今回は初期で入っている USBCNC 用のポストプロセッサを使用しましたが、KitMill の販売
元である株式会社オリジナルマインド社では、KitMill 用にカスタマイズしたポストプロセッ
サを提供されています。
KitMill をお使いの方は、第6章「カスタムポストプロセッサをインポートしよう」に記載
の手順でポストプロセッサをインポートしてご利用ください。

2.16 課題：ギア部品

以下の画像のギア部品のツールパスを作ってみましょう。

加工対象

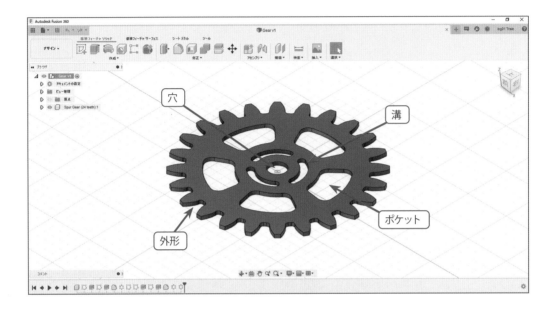

作成の条件

共通条件

● 使用する「Gear.f3d」データは、以下の URL を検索し、巻末の袋とじ内に記されている
ナンバーを入力してダウンロードしてください。

https://cad-kenkyujo.com/book/（「スリプリブック」で検索）

● ストック（材料）の大きさ：完成形状の最大外形より 30 mm 大きいサイズ

● ストック（材料）の厚み：完成形状と同じ厚み

● ワーク座標の位置：ストック（材料）の左下隅の一番高い位置

● 使用可能な工具：

　∅ 4 mm フラット（送り速度 800 mm/min）

　∅ 4 mm ボール（送り速度 800 mm/min）

　∅ 3 mm フラット（送り速度 700 mm/min）

　∅ 3 mm ボール（送り速度 700 mm/min）

　∅ 2 mm フラット（送り速度 600 mm/min）

　∅ 2 mm ボール（送り速度 600 mm/min）

● 工具交換：1回まで
● 切込みピッチ：0.3 mm
● ツールパスとツールパスの間の工具の移動時の高さ：退避高さより2 mm上
● 1つのツールパスの中での工具の移動時の高さ：ストック高さより2 mm上
● Z方向に切り込みを開始する高さ：製品形状の高さより1 mm上

その他の条件

● 外形のタブ：X軸方向の対角位置に2箇所と、Y軸方向の対角位置に2箇所
● ポケットのタブ：1つのポケットに3箇所のタブ
● タブの大きさ：幅2 mm、高さ0.5 mm
● 輪郭加工の進入：0.5 mm外側から垂直に進入
● 輪郭加工の退出：加工終了地点からZ方向に退出
● 穴の加工：穴の中心から加工開始

作成のヒント

※以下の加工方法はあくまで一例です。いろいろな加工方法を試し、それぞれのメリットやデメリットを考えてみてください。

① [設定] でストックの大きさとワーク座標の位置を設定します。
② 加工の負荷を考慮して内側のポケットから加工し始めます。
③ なるべく太い工具で加工することで工具負荷を減らすことができます。
④ 輪郭加工する範囲を選択する際には、製品形状の一番下のエッジを選択します。
⑤ 溝は溝幅と同じ太さの工具で [スロット] 加工を行います。
⑥ 任意の位置にタブを付加するためには、「タブの位置決め」の設定で「点で」を使用します。
⑦ 加工する領域のフィレットのR径を、[検査]-[計測] コマンドで計測することで、適切な工具径を選択できます。

今回のモデル作成のための推奨コマンド

● [設定]-[設定]
● [2D]-[2D輪郭]
● [2D]-[スロット]
● [2D]-[円形]

解答

解答は、以下URLにてご紹介しております。

https://cad-kenkyujo.com/book/（「スリプリブック」で検索）

第3章

ORIGINALMIND KitMill
RZ300/420 を
使ってみよう

次の内容を学習します。

- 制御ソフトウェアの使用方法
- KitMill RZ300/420 の基本的な使用方法
- 工具の取り付け方、材料のセッティング方法
- NC データでの加工方法

3.1 この章の流れ

　この章では、第2章で作成したNCデータを使って切削加工機「KitMill RZ300/420」を動かす方法を学びます。

制御ソフトウェアの使い方を学びます。（3.2、3.3）

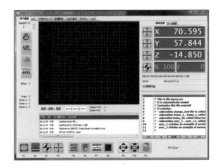

KitMillへの工具の取り付け方法を学びます。（3.4）

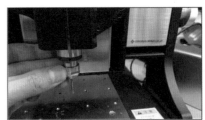

材料の準備について学びます。（3.5）

加工原点の設定方法を学びます。（3.6）

NCデータの読み込み方法と機械を動かす方法を学びます。（3.7）

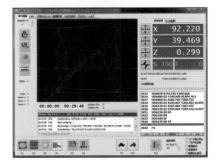

3.2 制御ソフトウェアを使用しよう

　制御ソフトウェアは、CNC の動作を制御するソフトウェアです。NC データを制御ソフトウェアに読み込ませることで、継続的にデータを機械に送りこみ、加工を行います。USBCNC は、KitMill シリーズに付属する制御ソフトウェアです。

　一般的に、制御ソフトウェアでは以下のようなことができます。

- 工具の移動
- 加工原点の設定
- NC データの実行

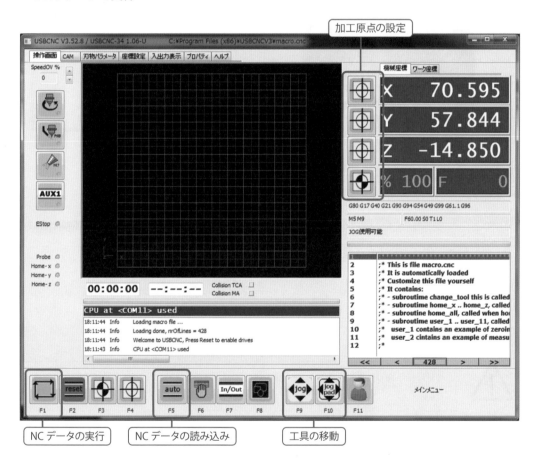

加工原点の設定

NC データの実行　　NC データの読み込み　　工具の移動

3.3 USBCNC の操作をマスターしよう

［ジョグ操作用パネル表示］ボタンを使用して、機械を手動で動作させます。

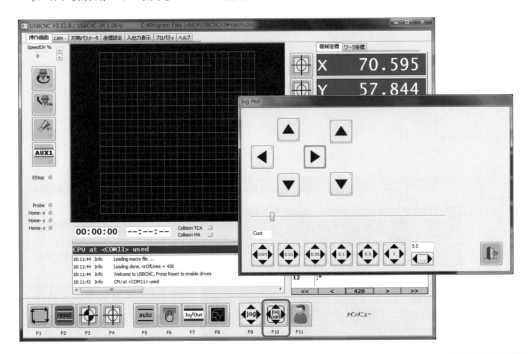

 ダイアログボックス下部の各ボタンを押すと、1ステップあたりの移動量を、0.01 mm、0.05 mm、0.1 mm、0.5 mm、1 mm に設定できます。

 ［ジョグ操作用パネル表示］ボタンを押さなくても、PCの矢印キーでX軸とY軸、PageUp と PageDown キーでZ軸を移動できます。Shift キーを押しながら操作すると、早送りで移動します。

 機械は指示通りに動作します。テーブルなどにぶつけないように十分注意して移動してください。

 必ず使用される機械の取扱説明書を熟読した上で、説明書に記載の方法でご使用ください。

3.4 工具を取り付けよう

工具の取り付け方法は以下の通りです。

 必ず使用される機械の取扱説明書を熟読した上で、説明書に記載の方法で取り付けてください。

① コレットチャックをチャックナットに取り付けます。コレットチャックは斜めにした状態で差し込み、差し込んだ後でまっすぐにします。

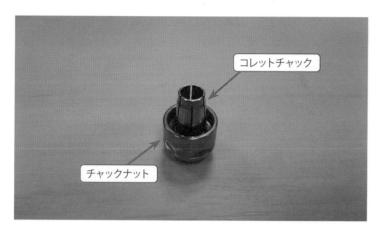

② 工具をつけたコレットを仮締めします。

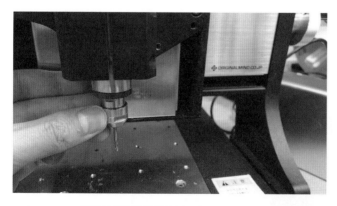

 Zの原点を簡単に設定するため、ここでは本締めをせず、工具が落ちない程度に手で締め付けておきます。

 取り付ける際に工具の突き出し長さに注意してください。突き出し長さについては、第1章「加工の基礎知識」の 1.13 節「工具取り付け時の突き出し長さ」を参照してください。

3.5 材料（ストック）を準備しよう

裏側に両面テープをつけ、テーブルにしっかりと固定します。

 材料の裏側やテーブルの上に目に見えない切り粉が付着していることがあります。両面テープを貼る前に、ガムテープなどできれいにしておきましょう。

 固定の仕方が弱いと、工具の回転の力に負けて最悪材料が跳ね飛ばされることがありますので、しっかりと固定しましょう。

3.6 加工原点を設定しよう

［原点復帰ボタン］を選択し、機械原点への復帰動作を行います。

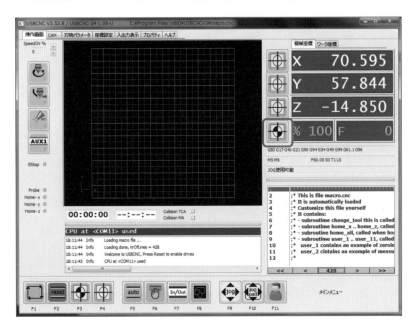

　[ジョグ操作用パネル表示] またはキーボードの矢印キーと PageUp、PageDown キーを使用
して、セットした材料の角に工具を移動します。

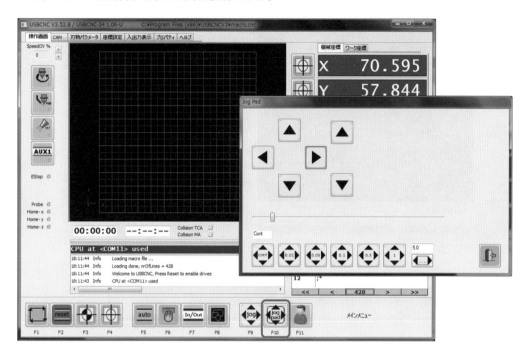

　Z 軸はなるべく材料に近づけて、X 軸と Y 軸の位置を調整しましょう。

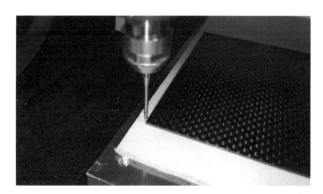

加工の基準となる加工原点の設定は、加工において最も重要な作業です。CAM 上の原点と
同じ位置に設定する必要があります。1 mm 以上大きくずれると問題ですが、0.1 mm 単位
のずれは問題とはならない場合が多いです。正確性を期すためには、工具は細い方が合わせ
やすいです。

［Zero Axis］ボタンを使用して、X と Y の原点を設定します。

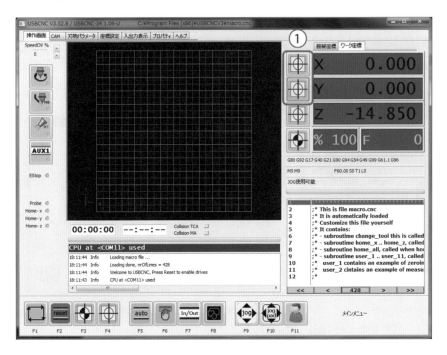

右上の「ワーク座標」の X と Y の値が「0.000」になっていることを確認します。

続いて、Z の原点の設定を行います。材料の上面にて仮締めしていた工具が材料に触れるように Z 軸を下げ、工具が材料に当たっている状態でスパナを使い本締めします。

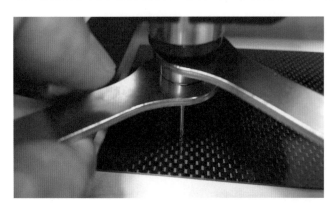

USBCNC で、[Zero Axis] ボタンを使用して Z の原点を設定します。

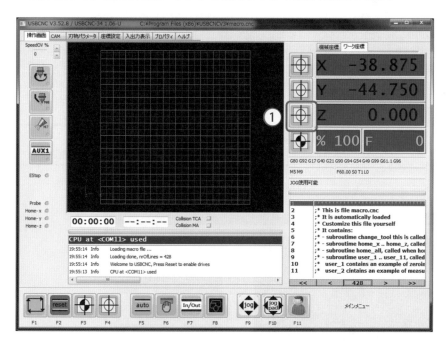

⚠ 原点の設定が完了したら、必ず Z を安全な高さまで移動しておきます。

 この方法で Z 原点を合わせた場合、チャックナットを締め込んだ際に若干ズレが生じます。今回のような切り抜き加工だけであればズレはあまり関係ありませんが、3D 加工など Z0 を正確に合わせる必要がある場合は、材料を少し削って設定する方法をお試しください。他の方法よりも Z0 を正確に合わせやすいです。

① 制御ソフトウェアで主軸を回転させます。

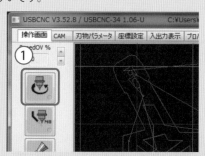

② 少しずつ Z を下ろし、材料に触れた瞬間の座標を Z 座標に設定します。

他にも、紙を使用して Z 原点の位置を合わせる方法があります。紙の厚みをあらかじめ測っておき、工具とテーブルの間に紙を挟んで、紙が抜けなくなる座標を取る方法です。紙の厚み分下げた位置を Z の原点として設定することで、テーブルの Z 座標を設定することができます。

3.7 NC データを入力して加工しよう

［自動切削操作メニュー］を選択し、NC データをインポートします。

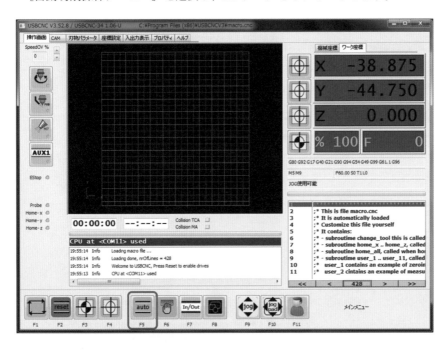

［NCコード読み込み］を選択し、Fusion 360から出力したNCデータを選択し、［開く］を選択します。

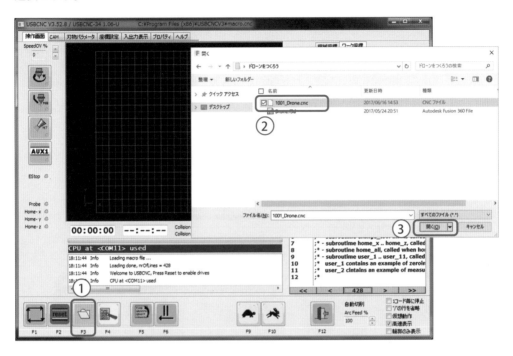

［実行 / 一時停止］ボタンを選択すると、加工が始まります。

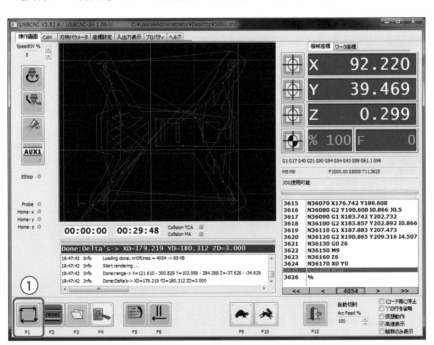

初めて加工する場合、「1 コード毎に停止」にチェックを入れ、NC コードを確認しながら 1 行ずつ実行して確認することを強く推奨します。加工原点の設定ミスなどにより、機械を破損してしまうのを防ぐチェックです。

最も危険なのが、加工開始時に初めに Z 軸を下げるときです。安全に Z 軸が下がったのを確認したら「1 コード毎に停止」のチェックを外し、[実行 / 一時停止] ボタンで加工を開始してください。

1 行ずつ実行する際に確認するべき内容は、第 1 章「加工の基礎知識」の 1.17 節「NC データの仕組み」を参照ください。

初めての製品を削る場合、設定した送り速度が適切でない場合もあります。[フィードレート] ボタンでスピードを調整できるため、低めから様子を見ることをお勧めします。

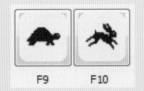

加工中は USBCNC によって常に PC と TRA（制御ボックス）がデータのやり取りをしています。加工中に他のアプリケーションを起動していると、稀に USBCNC の通信を阻害してしまい加工が失敗する場合があります。

また、ノートパソコンを使用している場合は PC の電源オプションより「コンピュータをスリープ状態にする」と「ディスプレイの電源を切る」の項目をオフにしてください。

第**4**章

ルアーをつくろう

次の内容を学習します。

- ●セットアップの方法
- ●ツールパスの作成方法（負荷制御、走査線、円形、ポケット除去）
- ●シミュレーション
- ●ポスト処理
- ●バイスを使用した両面加工の方法

4.1 この章の流れ

　この章では、ルアーの加工データを作成しながら、加工のための追加モデリング、両面加工の方法、設計変更への対応方法を学びます。

加工のための追加モデリングをします。（4.3）

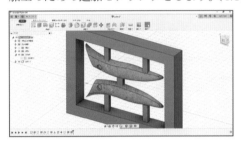

表面のセットアップをします。（4.4）

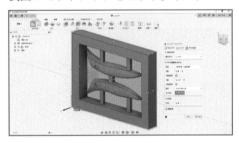

荒取り、仕上げ、穴あけのツールパスを作成します。（4.5 〜 4.8）

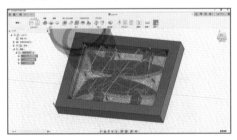

裏面のセットアップをします。（4.9）

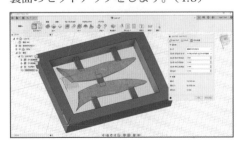

裏面のツールパスを作成します。（4.10）

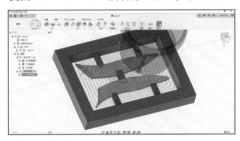

モデルを設計変更し、ツールパスの修正を行います。（4.11）

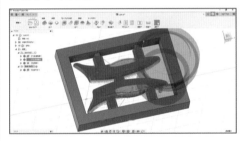

NC データを作成します。（4.12）

4.2 加工の概要

材料：　　　　　　ケミカルウッド

使用する工具：　　∅4（R2）ボールエンドミル、∅4フラットエンドミル

使用する機械：　　KitMill RZ300/420

加工方法：　　　　両面加工

固定方法：　　　　バイス

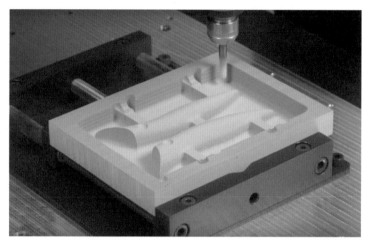

加工データ提供：株式会社オリジナルマインド様

4.3 加工のためのモデリングをしよう

　データパネルを開き、[アップロード] ボタンを選択します。「ファイルを選択」で「Lure.f3d」を選択し、アップロードします。

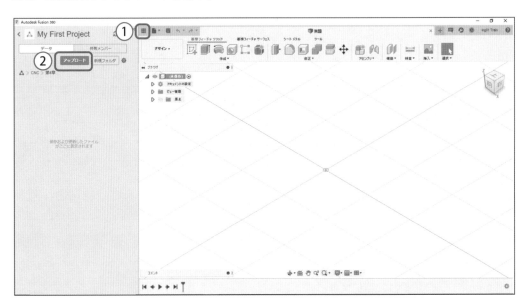

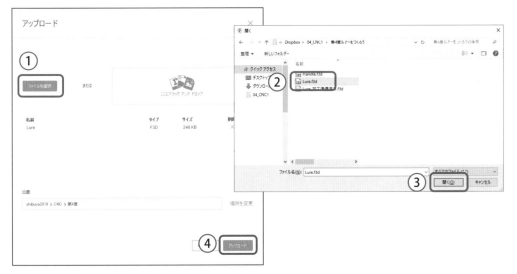

使用するデータは、以下の URL からダウンロードできます。
　　https://cad-kenkyujo.com/book/（「スリプリブック」で検索）
「ルアーをつくろう」フォルダの「Lure.f3d」を使用します。ツールパス作成から作業をされる場合、「Lure_加工準備済み.f3d」ファイルをアップロードし、4.3 節「セットアップ」から開始してください。

　「Lure」ファイルを開きます。今回は、半分に割って加工し、後ほど接着する方法でルアーを
作成します。

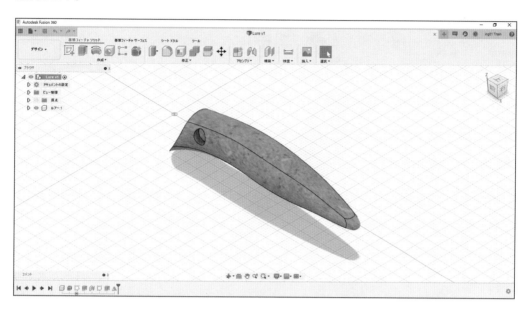

　［修正］-［ボディを分割］で、XZ平面で形状を分割します。

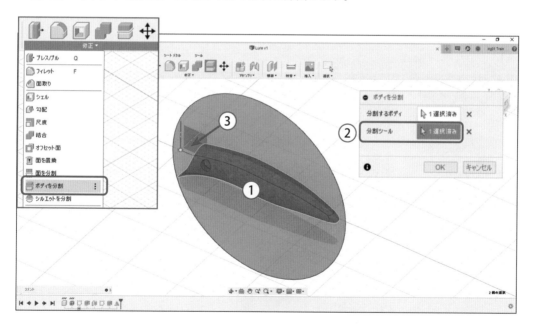

　ルアーの半分を 180 度回転し、横方向に移動します。［修正］-［移動 / コピー］で、「オブジェクトを移動」を「ボディ」に変更し、奥側の形状を選択し、「ピボット設定」を選択します。

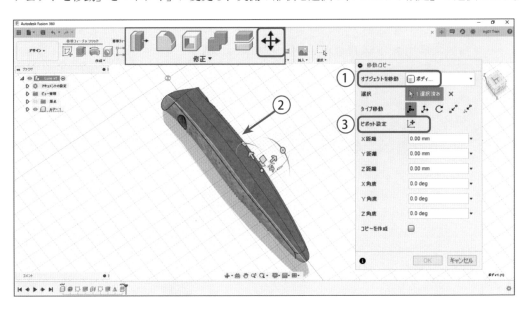

　ブラウザの「原点」-「0」を選択し、［完了］します。

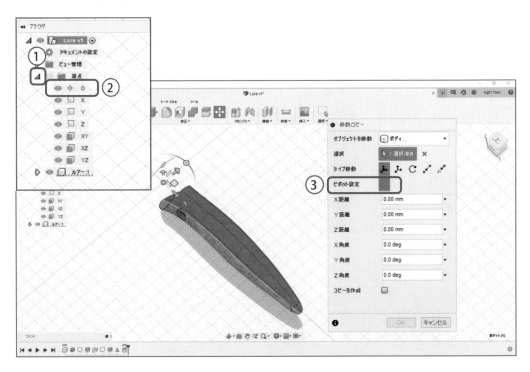

「X角度」を「180 deg」に設定し、回転します。

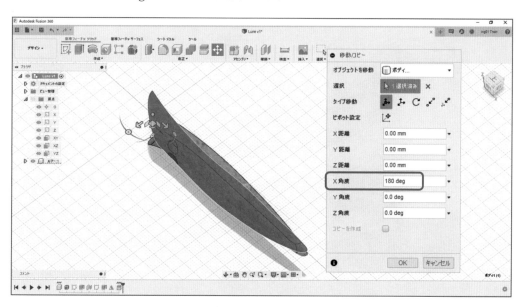

以下の方向（Z距離）に「−25 mm」移動し、[OK] で確定します。

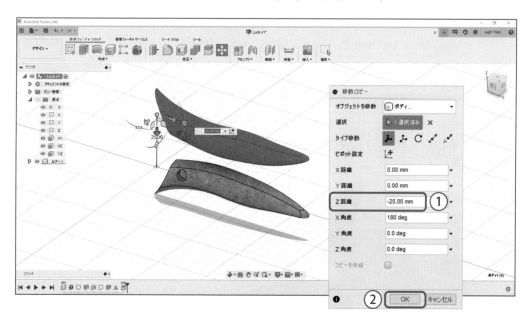

［検査］-［計測］で、2つのエッジ間の距離を計測します。「5.107 mm」であることを確認します。

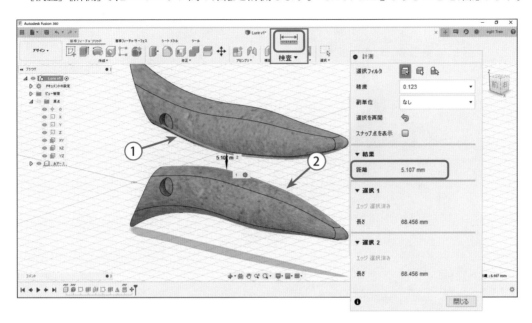

 今回使用するのは∅4 mm のエンドミルです。計測した間隔が4 mm 以上（正確には、4 mm + 仕上げ代等を考慮した間隔）になるように位置を決定する必要があります。使用する工具の直径に合わせて、この間隔も変える必要があります。

枠を作成するために、［スケッチを作成］で、XZ 平面を選択します。

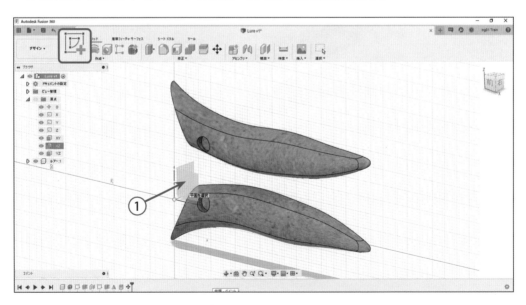

［作成］-［長方形］-［2点指定の長方形］で、以下の2点を指定して長方形を作成します。

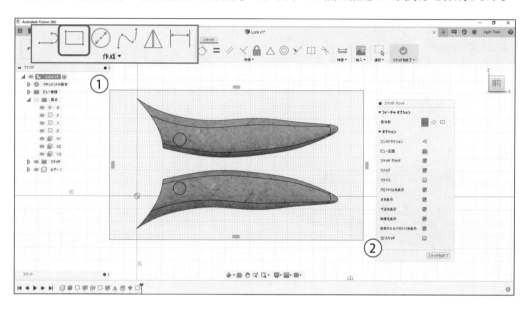

枠の大きさを決めるため、［作成］-［スケッチ寸法］で以下の3箇所に「6 mm」の寸法を付加します。

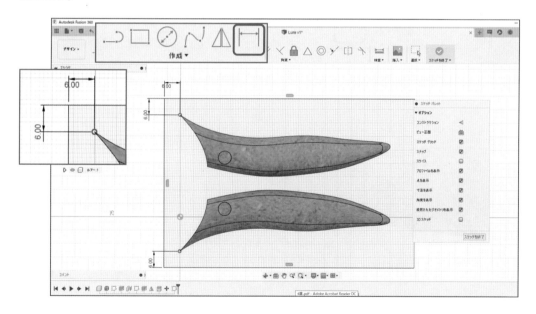

［作成］-［点］で、尻尾部分の頂点付近の以下の点を選択します。

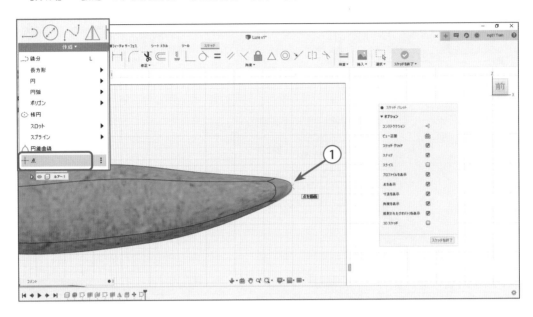

［作成］-［スケッチ寸法］で、作成した点と枠に「6 mm」の寸法を作成します。

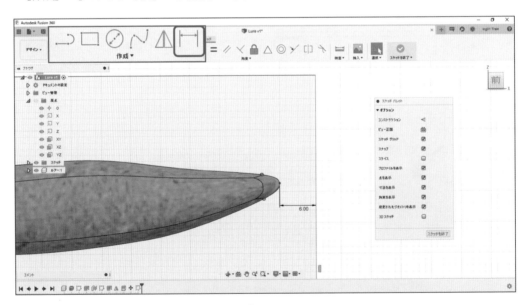

点の位置がずれた場合は、Esc キーまたは［選択］
を選択し、コマンドを何も取っていない状態に
し、点をドラッグして元の位置に移動します。

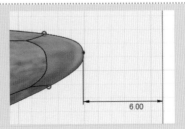

［修正］-［オフセット］で、長方形を外側に「10 mm」オフセットします。

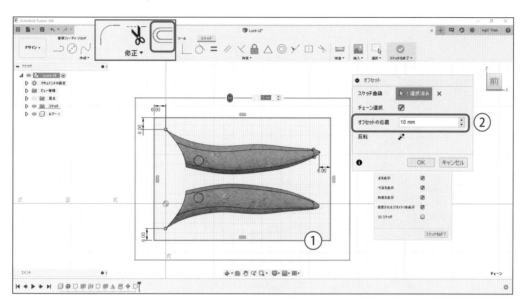

［作成］-［線分］で、中心を通る線分を作成します。マウスを乗せた際に△マークが出るところでクリックしてください。

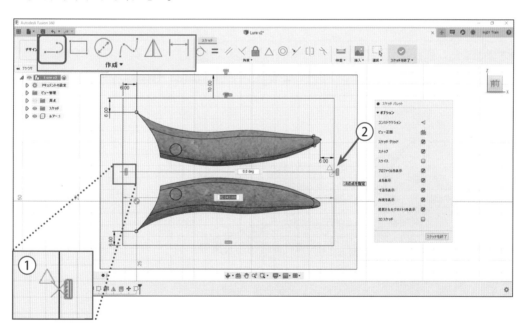

　Esc キーまたは［選択］を選択し、コマンドを何も取っていない状態に戻します。作成した線分を選択し、「スケッチ パレット」の［コンストラクション］で線分をコンストラクション線に変更します。

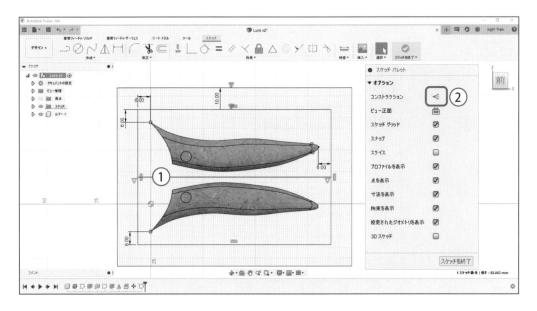

　［作成］-［長方形］-［2 点指定の長方形］で、以下のような長方形を作成します。

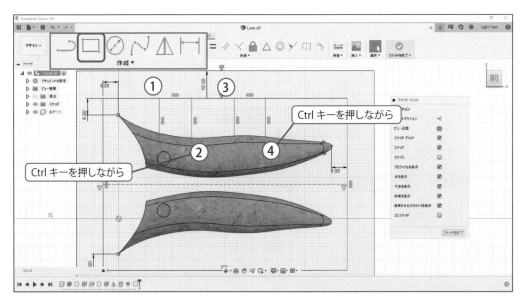

2 点目をクリックする際に Ctrl キー（Mac は ⌘ キー）を押しながらクリックすると、形状に関連付けずに長方形を作成できます。

続けて、真ん中に以下のような長方形を作成します。

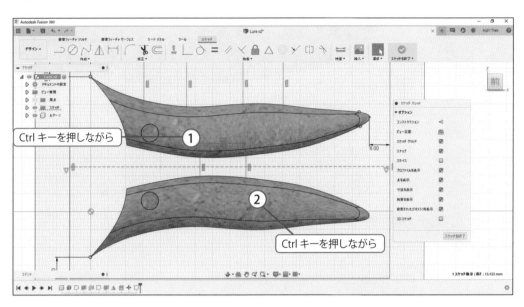

［作成］-［スケッチ寸法］で、以下の寸法を作成します。左から、「10 mm」、「5 mm」、「35 mm」、「5 mm」です。

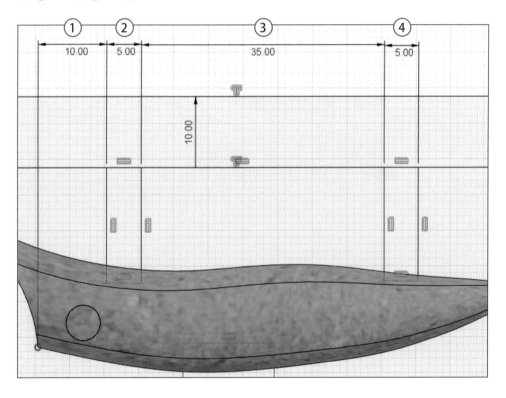

真ん中のタブにも寸法を付加します。左から、「40 mm」、「6 mm」の寸法を作成します。

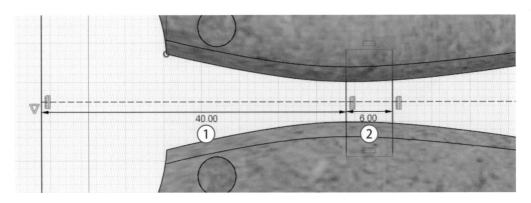

［作成］-［ミラー］で上側の長方形をドラッグで選択し、中心線を選択してミラーコピーします。

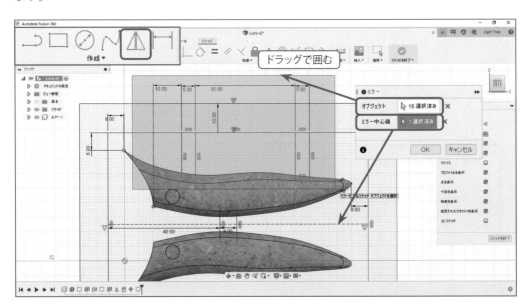

［スケッチを停止］でスケッチを終了します。

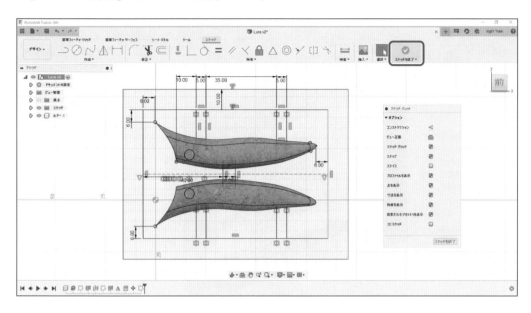

　［作成］-［押し出し］で、枠のプロファイルを選択します。「方向」を「2つの側面」に設定し、「サイド1」の「距離」を「5.5 mm」、「サイド2」の「距離」を「7.5 mm」に設定し、［OK］で確定します。

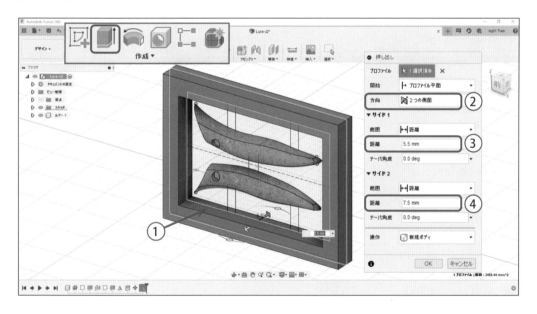

　ブラウザで「スケッチ3」を表示し、［作成］-［押し出し］で、5箇所のタブのプロファイル
を選択します。「距離」を「−3mm」、「操作」を「新規ボディ」に設定し、［OK］で確定します。

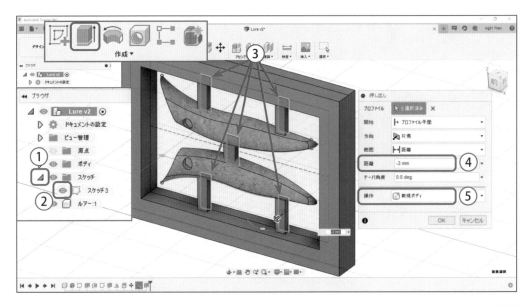

 第1章でご紹介した方法で、［2D］-［2D輪郭］コマンドでは2次元的な形状に自動的にタ
ブを作成できます。3次元的な形状を加工する場合、どの位置にどの高さでタブをつけるか、
CAD機能を使用して任意の位置にタブを作成します。

　ブラウザで、「スケッチ3」を非表示にします。

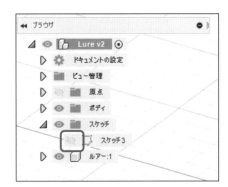

［ファイル］-［保存］で上書き保存します。

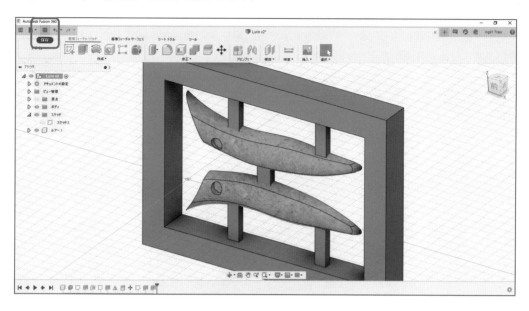

4.4 セットアップ

作業スペースを［製造］に変更します。

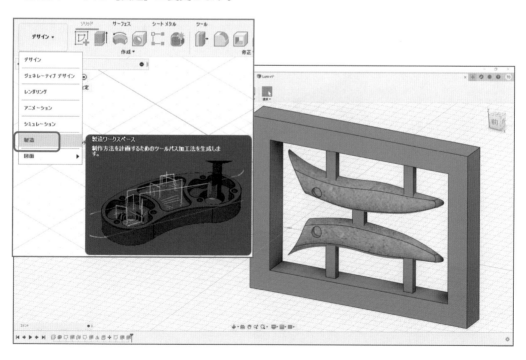

　[設定]-[設定]で、加工のための準備を行います。設定では、①ワーク座標系（WCS）と②材料サイズ（ストック）を設定します。

　モデリングの方法によっては、初期で表示された座標系の向きが、加工したい方向と異なる場合があるため、方向を変えます。

　「方向」で「Z軸/平面、X軸を選択」を選択し、「Z軸」で形状の前面を選択します。

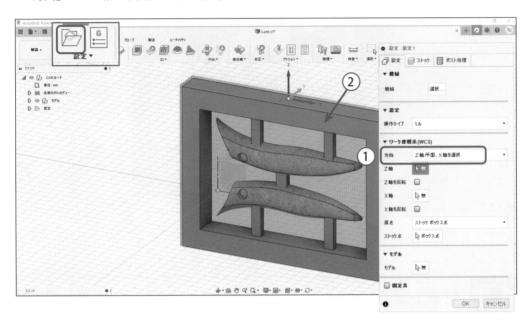

　「X軸」で、横方向のエッジを選択します。

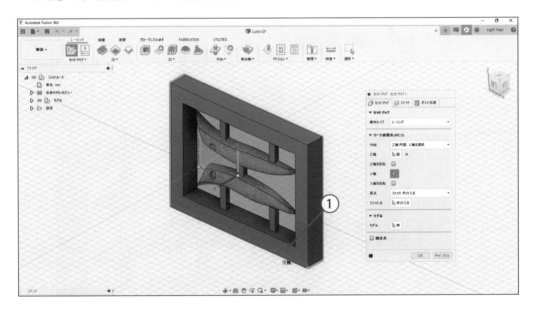

「ストック点」の「ボックス点」を選択し、左下の以下の点を選択します。

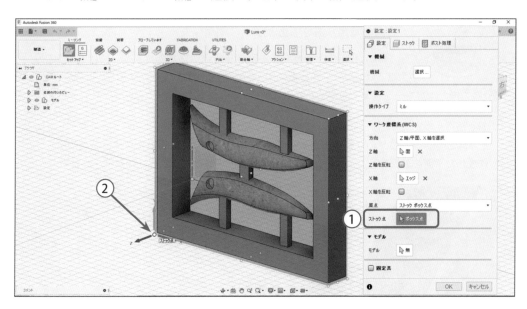

　ワーク座標系（加工原点）の位置は、任意で設定することが可能です。重要なのは、CAM上で設定したワーク座標系（加工原点）と、加工機で設定した原点の位置が一致していることです。

「モデル」でブラウザの「Lure」を選択します。

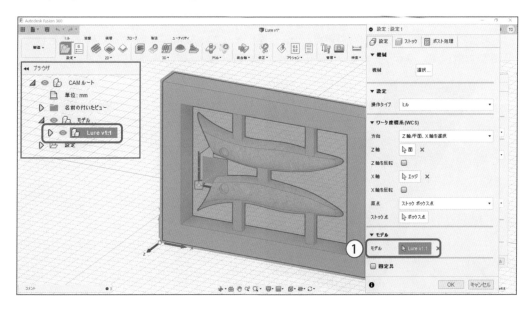

方向の指定方法を極めよう

　　　Fusion 360上で方向を設定する方法は複数あります。特にCAMの設定では、ワーク座標系のX軸、Y軸、Z軸方向を決定することが多いため、様々な方向の指定方法を覚えておくことで作業が早くなります。

① 面を指定する方法

　形状の面や、ブラウザの「原点」フォルダに入っている平面、[構築] コマンドを使用して作成した平面を選択すると、選択した面の法線方向（面直方向）の方向が選択されます。

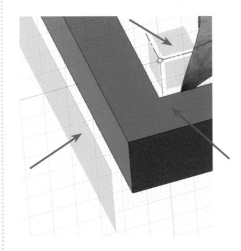

② エッジを指定する方法

　形状のエッジや、ブラウザの「原点」フォルダに入っている軸、[構築] コマンドを使用して作成した軸、スケッチの線分を選択すると、選択したエッジの方向が選択されます。

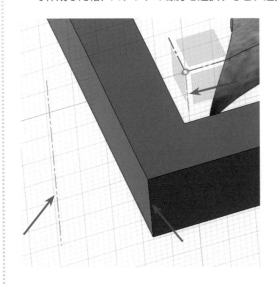

「ストック」タブで、「ストック サイド オフセット」を「0 mm」、「ストック トップ オフセット」を「0 mm」に設定し、[OK] で確定します。

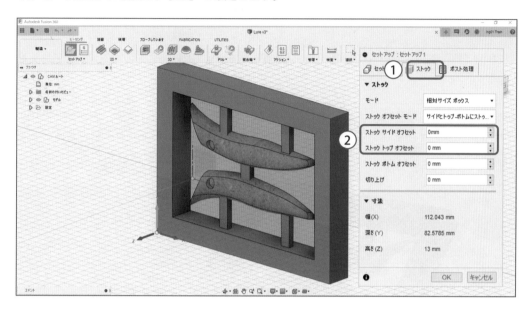

4.5 粗取りのツールパスをつくろう

以下のような向きに画面をオービット（回転）します。

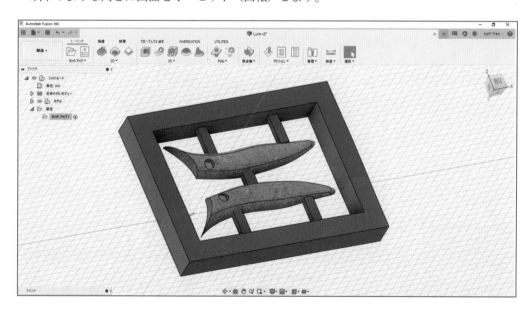

画面オービットがしづらい場合、画面下部のディスプレイバーで、オービットタイプを［自由オービット］にすると、回転しやすくなります。

［3D］-［負荷制御］で粗取りのツールパスを作成します。［工具］タブの「工具」で工具を選択します。

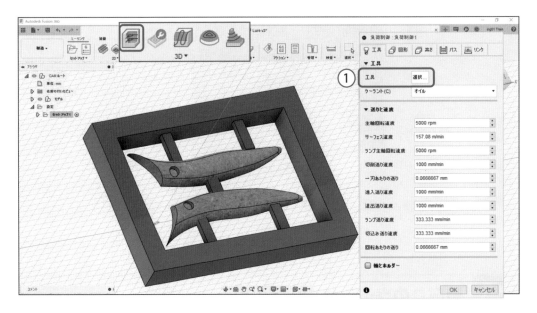

右側のフィルタから「ツールカテゴリ」-「ミーリング」、「タイプ」-「ボール エンドミル」を選択します。

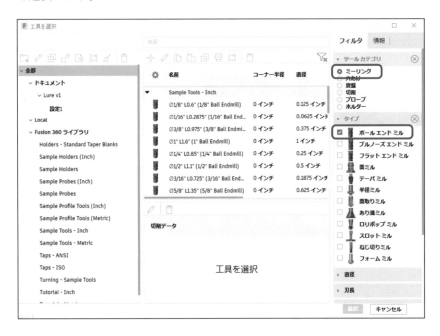

「直径」を開き、「選択」-「等しい」を選択します。

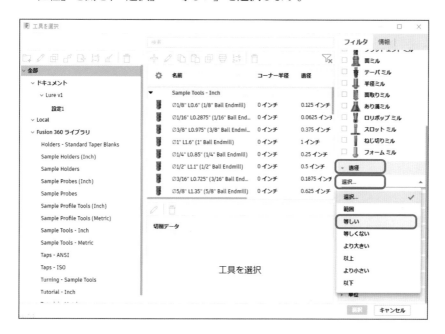

表示された寸法フィールドに「4mm」と入力し、工具を抽出します。

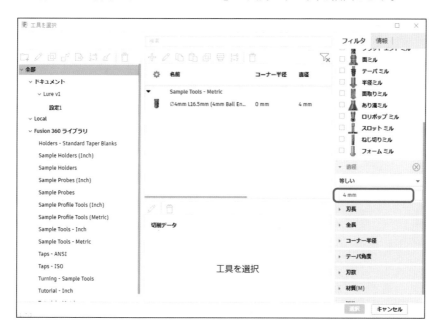

工具リストから、一番上の「∅ 4 mm L16.5mm」を選択し、[選択]を選択します。

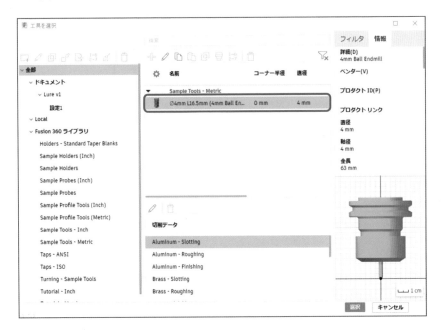

切削条件を設定します。「切削送り速度」に「900 mm/min」を入力します。「進入送り速度」、「退出送り速度」、「ランプ送り速度」に「600 mm/min」を入力します。

「進入送り速度」、「退出送り速度」、「ランプ送り速度」は、ストック（材料）に進入する際の送り速度が設定できます。材料に接触する瞬間の負荷を軽減することが出来ます。

　［パス］タブで、「最適負荷」を「1.6 mm」、「最大粗取り切込みピッチ」と、「中間切込みピッチ」を「3 mm」に設定し、［OK］で確定します。

「最大粗取り切込みピッチ」は、Z方向の切込み量です。

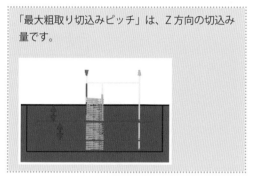

すべて一定のZ方向の切り込みピッチを設定する場合、「最大粗取り切込みピッチ」と、「中間切込みピッチ」に同じ値を設定します。

　［負荷制御］のツールパスは、徐々に繰り広げながら加工するため、工具負荷を低減した加工を行えます。

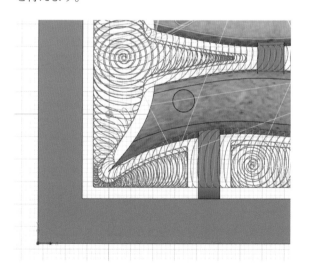

　［アクション］-［シミュレーション］で切削結果を確認します。「工具」のチェックをOFF、「ツールパス」のチェックをOFF、「ストック」のチェックをONにし、「カラライゼーション」を「材質(M)」、「材質(M)」を「セラミック」に設定します。
　負荷制御を使用したツールパスは、設定した「3 mm」の深さごとに切り込んで加工を行っているため、切削結果は段々畑のようになっていることが確認できます。

確認ができたら、[閉じる]でシミュレーションを終了します。

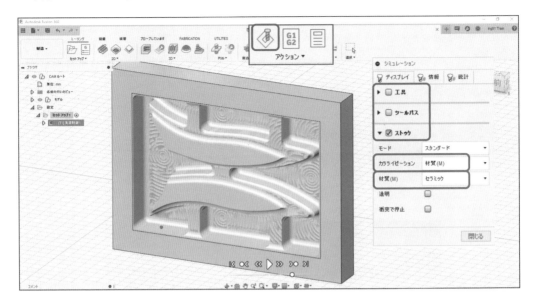

　ツールパスを編集します。「負荷制御」をダブルクリック、または右クリック［編集］を選択します。［パス］タブで、「中間切込みピッチ」を「1 mm」に変更し、［OK］で確定します。

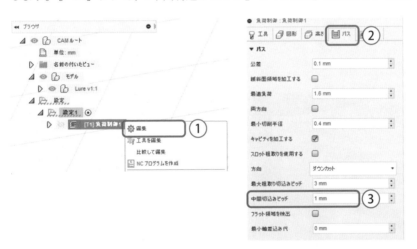

「中間切込みピッチ」は加工時間を減らすための設定です。「最大粗取り切込みピッチ」で設定したZ方向の切込みピッチで削った後、+Z方向に「中間切込みピッチ」で設定したピッチずつ上がっていきながら削ります。最大粗取り切込みピッチで深く加工するため、大きいボリュームが切削でき、残った箇所のみに細かいピッチで加工するため、仕上がりが均一になるメリットがあります。

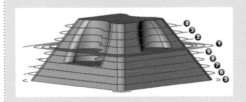

［アクション］-［シミュレーション］で切削結果を確認します。先程より段が減っているのが確認できます。

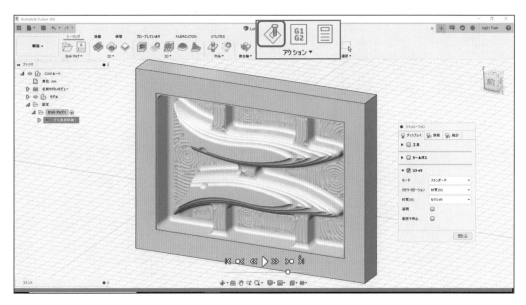

　さらにツールパスを編集します。「負荷制御」をダブルクリック、または右クリック［編集］を選択します。［リンク］タブで「ランプ除去高さ」を「0.3 mm」に設定します。

「ランプ除去高さ」は、ランプ動作（螺旋状にストックに進入する動作）が始まる高さを設定する項目です。

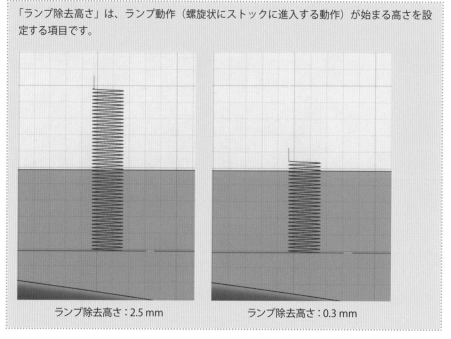

ランプ除去高さ：2.5 mm　　　　　　　ランプ除去高さ：0.3 mm

　［高さ］タブで、「移動高さ」を「3 mm」、「退避高さ」を「2 mm」、「ボトム高さ」を「選択」にし、ルアー本体の底面を選択、「オフセット」を「−2.5 mm」に設定して［OK］で確定します。

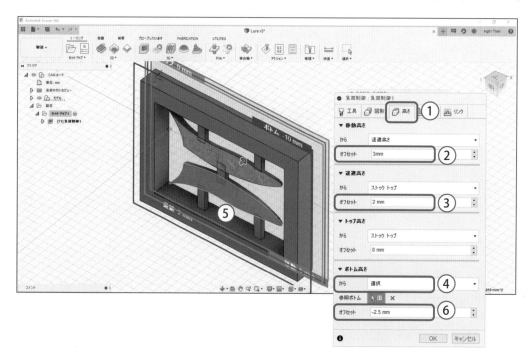

今回の形状は裏側からも加工するため、表からの加工はルアー本体の裏側の高さまでとします。

ボールエンドミルを使用するため、ルアー本体の裏側の高さから、工具半径分の2 mm分Z下までを加工範囲にする必要があります。さらに、キワの部分の仕上がりが良くない可能性があるため、更に0.5 mmの余裕を持たせて「−2.5 mm」と設定しました。

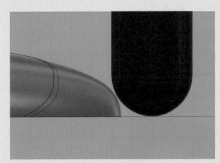

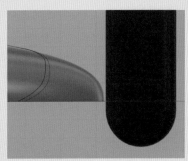

ボトム高さオフセット「0 mm」　　　　ボトム高さオフセット「−2.5 mm」

今回使用を想定しているKitMill RZ300/420は、Z軸のストロークが67 mmですので、加工する材料の高さによっては、退避動作時に機械の動作できるリミットを超えてしまう可能性があります。リミットオーバーを防ぐため、「移動高さ」と「退避高さ」を下げています。ただし、設定した値によっては退避時に治具やバイス等と干渉する可能性がありますのでご注意ください。

ツールパスが作成されました。

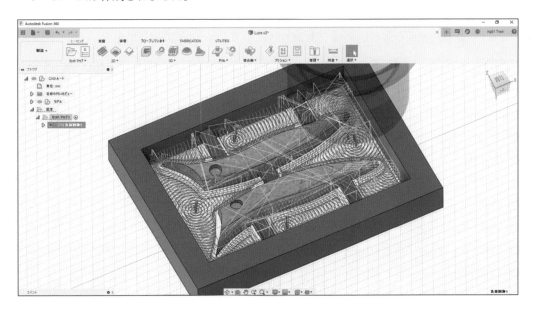

4.6　仕上げのツールパスをつくろう

［3D］-［走査線］で仕上げのツールパスを作成します。

切削条件を設定します。「切削送り速度」に「900 mm/min」を入力します。「進入送り速度」、「退出送り速度」、「ランプ送り速度」に「600 mm/min」を入力します。

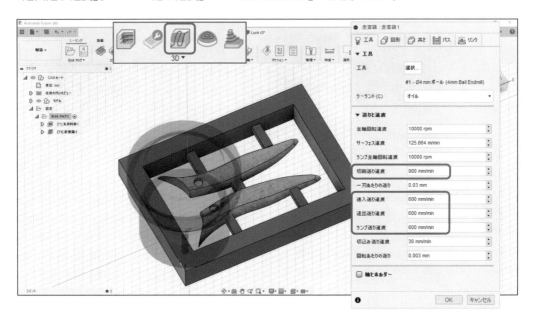

　［高さ］タブで「移動高さ」を「3 mm」、「退避高さ」を「2 mm」、「ボトム高さ」を「選択」に変更し、形状の底面を選択し、「オフセット」を「-2.5 mm」に設定します。

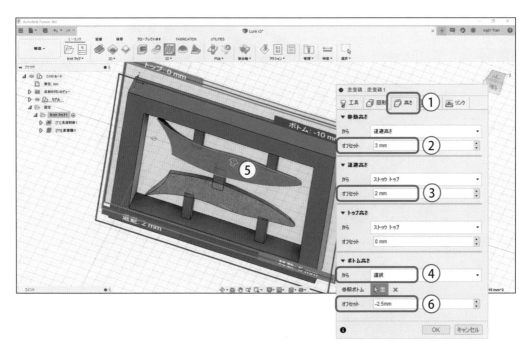

［パス］タブで「切削ピッチ」で「0.2 mm」を設定します。

「切削ピッチ」は XY 方向に何 mm ずつ加工するかという、切削量を設定するパラメーターです。

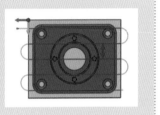

［形状］タブで「加工境界」を「選択」に設定し、形状のエッジを選択します。

「工具制限境界」を「工具内側境界」に設定し、「追加オフセット」を「1 mm」に設定して［OK］で確定します。

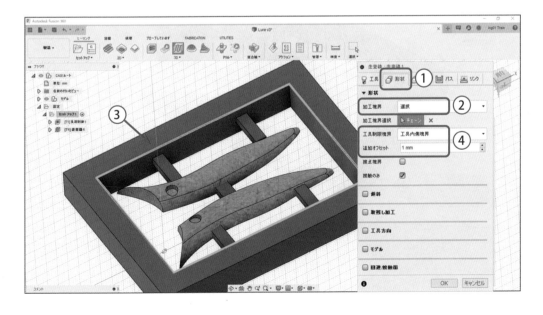

工具制限境界は、設定によって以下のような違いがあります。それぞれの図は、上から見た図です。四角の外枠が加工境界、円が工具、青と緑の線がツールパスです。

● 工具内側境界
選択した加工境界の範囲より、工具半径分内側のみで工具が動作する設定です。彫り込み側のポケット穴などで有効です。「追加オフセット」に数値を入力すると、選択した範囲から更に「追加オフセット分」内側の範囲が加工範囲となります。

● 工具中心境界
選択した加工境界の範囲上まで工具が動作する設定です。「追加オフセット」に正の値を入力すると、選択した範囲から更に「追加オフセット分」外側の範囲が加工範囲となります。「追加オフセット」に負の値を入力すると、選択した範囲から更に「追加オフセット分」内側の範囲が加工範囲となります。

● 工具外側境界
選択した加工境界の範囲より、工具半径分外側まで工具が動作する設定です。外周を加工する場合に有効です。「追加オフセット」に数値を入力すると、選択した範囲から更に「追加オフセット分」外側の範囲が加工範囲となります。

ツールパスが作成されました。

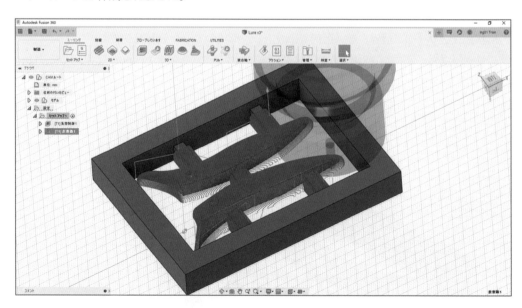

そこは...

4.7　穴あけのツールパスをつくろう

［2D］-［円形］で、目の部分の穴を作成します。［工具］タブの「工具」で工具を選択します。

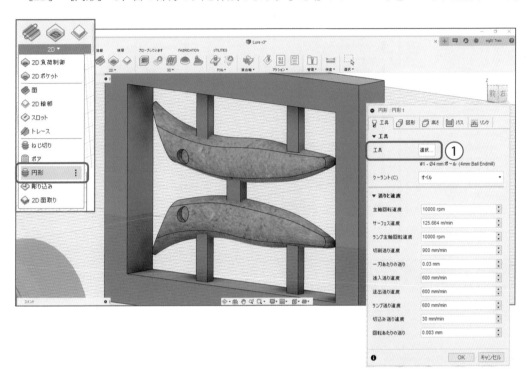

右側のフィルタから「ツールカテゴリ」-「ミーリング」、「タイプ」-「フラット エンドミル」
を選択します。

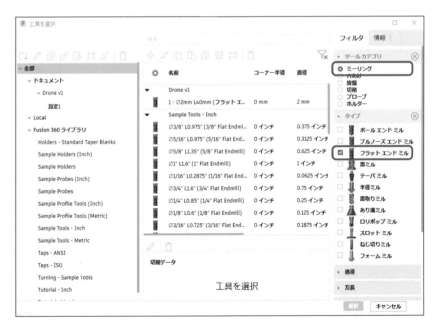

「直径」を開き、「選択」-「等しい」を選択します。

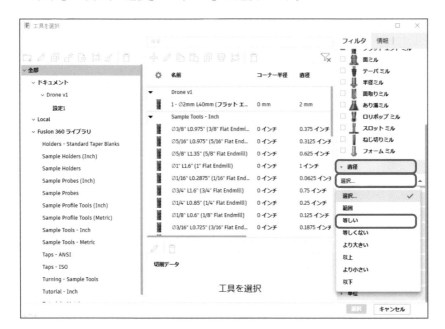

表示された寸法フィールドに「4mm」と入力し、工具を抽出します。

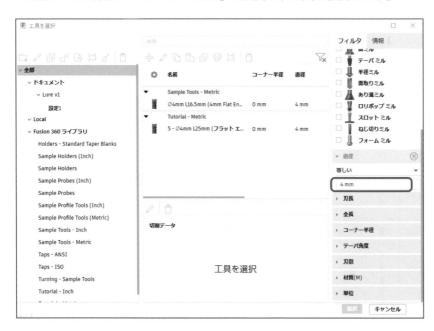

工具リストから、一番上の「∅ 4 mm L16.5mm」を選択し、[選択]を選択します。

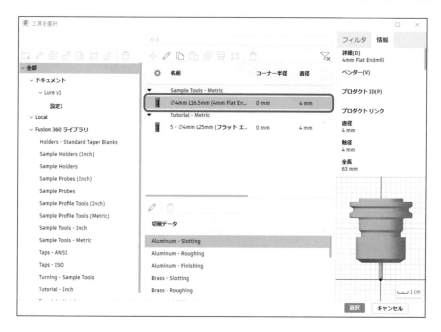

　切削条件を設定します。「切削送り速度」に「900 mm/min」を入力します。「進入送り速度」、「退出送り速度」、「ランプ送り速度」に「600 mm/min」を入力します。

［形状］タブで、目の側面を選択します。

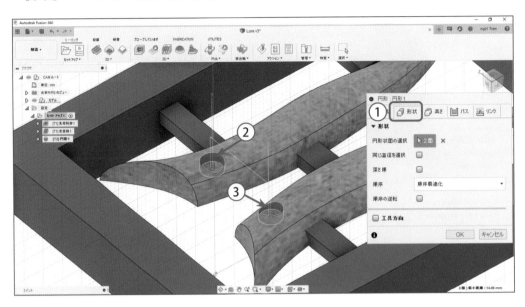

［高さ］タブで、「移動高さ」を「2 mm」、「退避高さ」を「1 mm」に設定します。

［リンク］タブで、「中心へ進入」のチェックを ON にし、［OK］で確定します。

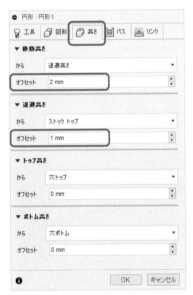

ツールパスが作成されました。

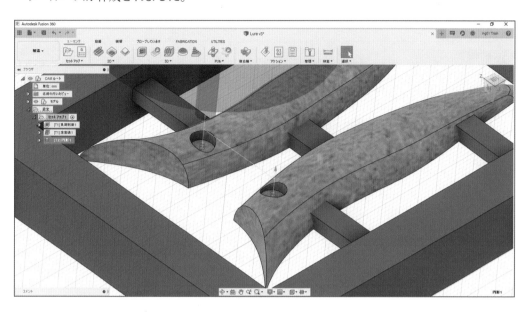

4.8 切削結果を確認しよう

ブラウザですべてのツールパスを選択し、[アクション] - [シミュレーション] でシミュレーションします。

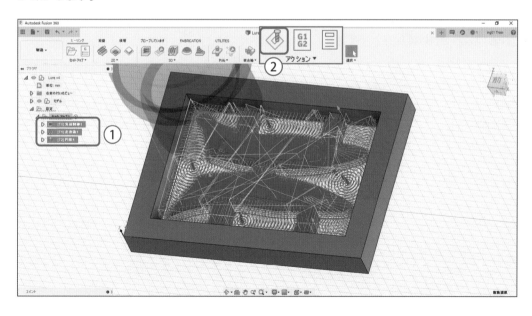

［ツールパスの末尾に移動］を選択し、画面上を右クリックし、［ストック］‐［ストックを保存］を選択します。

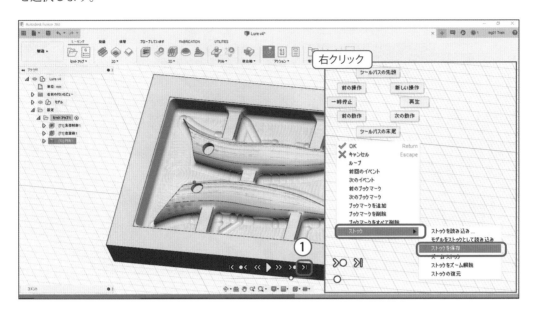

［ツールパスの末尾に移動］を選択すると、削り上がりの計算が始まります。ツールパスが長いほど、計算結果が表示されるまでに時間がかかります。計算中は画面最下部の赤いバーが右側に移動し、右端に到達すると計算が終了します。残り時間の参考にしてください。

任意の名前を付けて保存します。

ストックを保存しておくと、裏面の加工をシミュレーションする際に便利です。

［閉じる］でシミュレーションを終了します。

① 閉じる

4.9　裏面の加工をしよう — 裏面用のセットアップ

　今回はバイスで固定して加工しています。バイスで固定しての裏表加工の場合、反転した際に正確に同じ位置に固定することが難しいため、多少の誤差が発生します。今回は、裏面は平坦に加工するのみであるため、この誤差はほぼ関係ありません。

　3Dの形状など、表面と裏面をずれなく加工する方法は、CAM・切削加工編2の第2章「ボディを削ろう」を参考にしてください。

　以下のように画面を回転します。

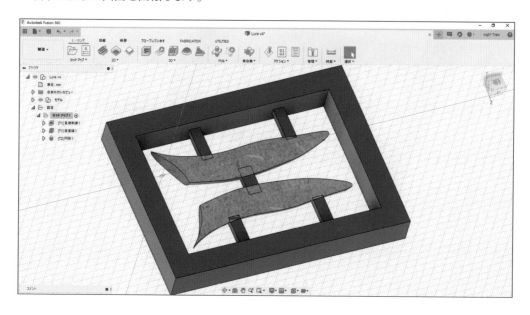

　[設定] - [設定] で、加工のための準備を行います。裏返した上面が +Z 方向となるように、方向を変えます。

　「方向」で「Z 軸 / 平面、X 軸を選択」を選択し、「Z 軸」で形状の上面を選択します。

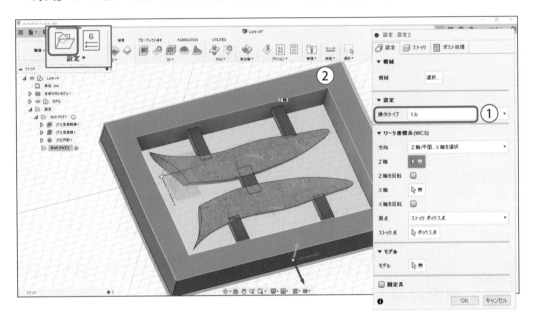

　「X 軸」で以下のエッジを選択します。

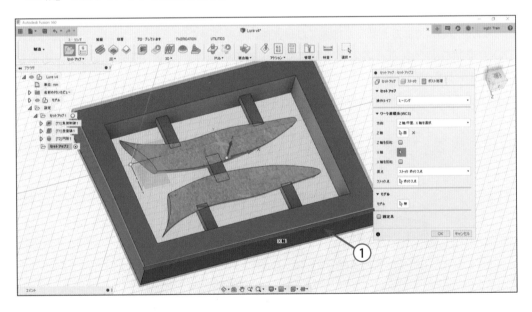

「ストック点」の「ボックス点」を選択し、左下の以下の点を選択します。

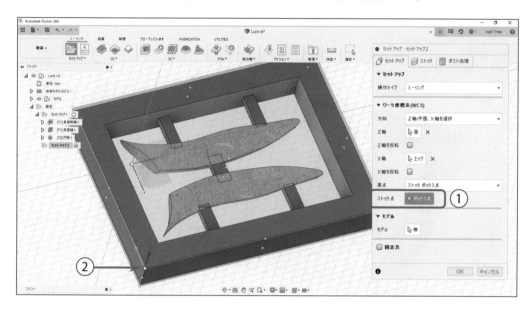

「モデル」でブラウザから「Lure」を選択します。

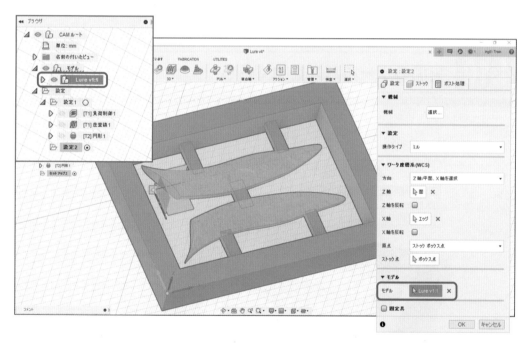

ワーク座標系（加工原点）の位置は、任意で設定することが可能です。重要なのは、CAM
上で設定したワーク座標系（加工原点）と、加工機で設定した原点の位置が一致しているこ
とです。

「ストック」タブで、「ストック サイド オフセット」を「0 mm」、「ストック トップ オフセット」を「0 mm」に設定し、[OK] で確定します。

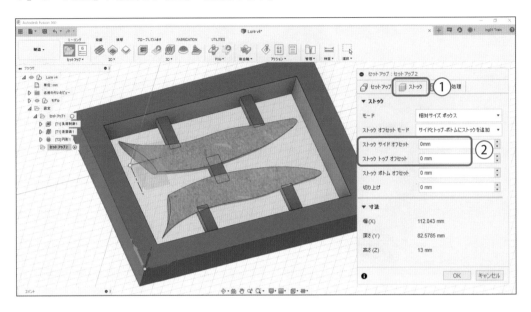

4.10 裏面のツールパスをつくろう

[3D] - [ポケット除去] で、ツールパスを作成します。[パス] タブで「最大粗取り切込みピッチ」を「3 mm」、「仕上げ代」のチェックを OFF に設定します。

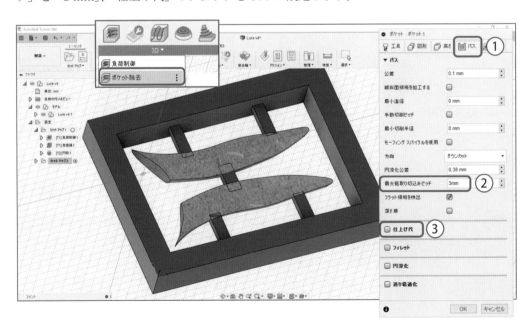

［仕上げ代］のチェックOFFにした場合、「0mm」に設定されているのと同義です。

　［高さ］タブで、「ボトム高さ」を「選択」に設定し、本体の裏面を選択します。「移動高さ」を「0mm」に設定します。

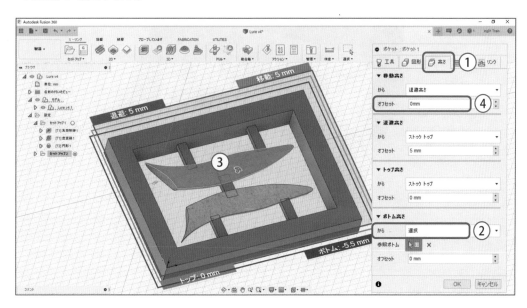

　［リンク］タブで「ランプ除去高さ」を「0.3mm」に設定し、［OK］で確定します。

 ［ポケット除去］のツールパスは、一般的なCAMと同様の、オフセット計算によるツールパスです。加工時間を短くする「中間切込みピッチ」等の設定はありません。

「ポケット 1」のツールパスを選択し、[アクション] - [シミュレーション] で、シミュレーショ
ンを行います。

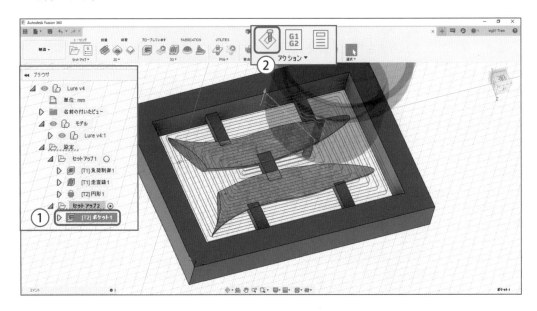

画面上を右クリックし、[ストック] - [ストックを読み込み] を選択します。

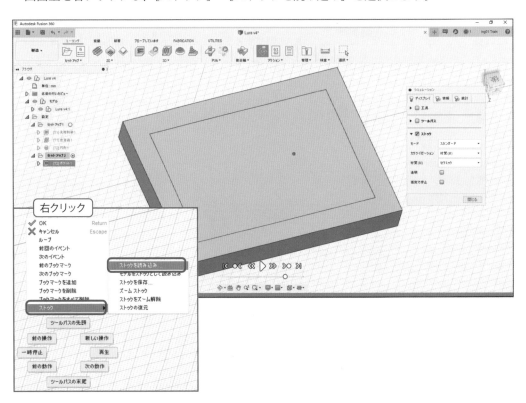

保存してある「stock.stl」を選択し、［開く］を選択します。

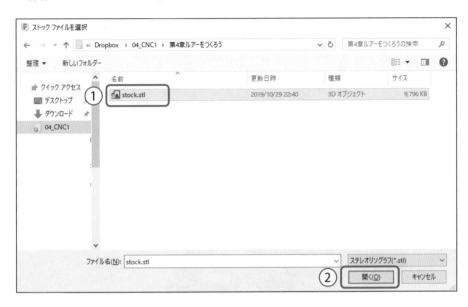

　［シミュレーションを開始］を選択し、シミュレーションを行います。確認ができたら、［閉じる］でシミュレーションを終了します。

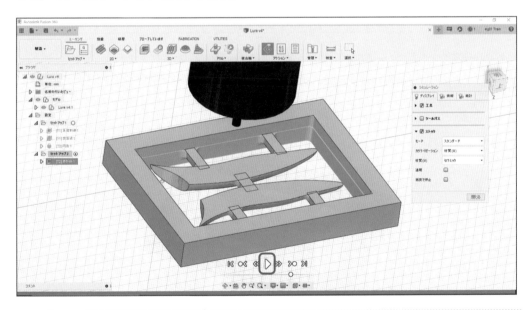

この方法でシミュレーションを実行した場合、後述する「工具の干渉」は正しく認識されません。あくまでツールパスによって面の仕上がり結果の確認目的で使用してください。

4.11 設計変更をしよう

作業スペースを「デザイン」に変更します。

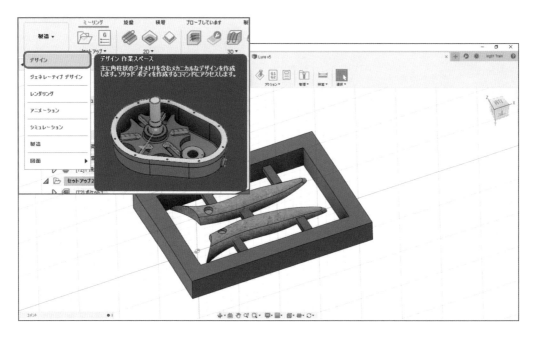

タイムラインで、「フォーム 1」の履歴をダブルクリックして編集します。

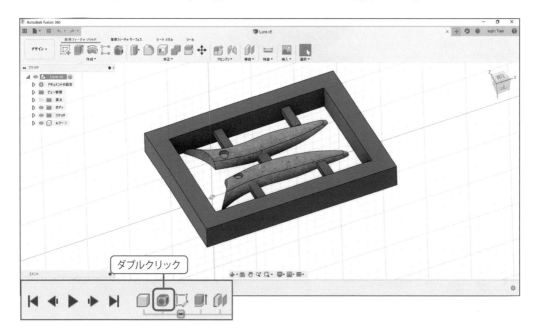

［修正］-［フォームを編集］で以下の面を選択します。

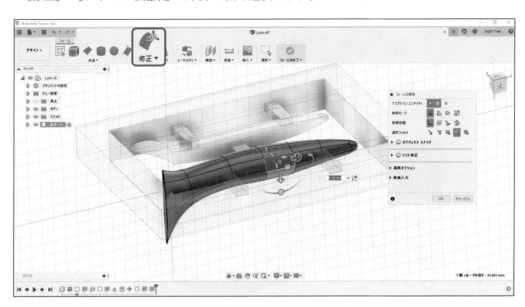

下方向に「-3 mm」移動し、[OK] で確定します。[フォームを終了] で編集を終了します。

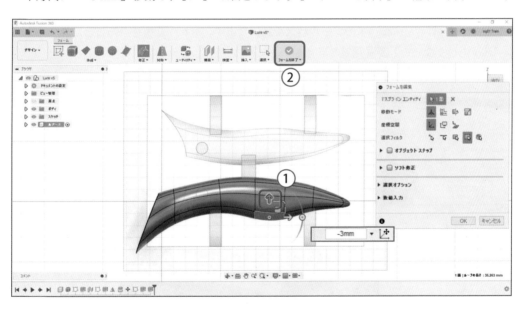

作業スペースを［製造］に変更します。

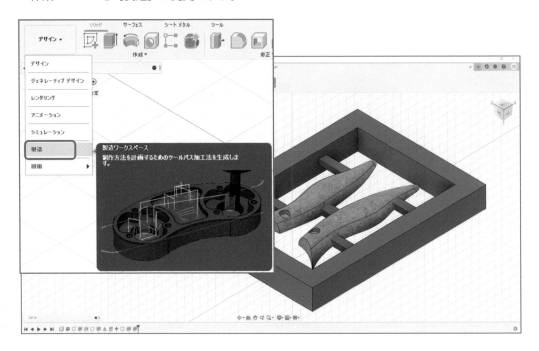

ブラウザで「[T1] 走査線 1」のツールパスを選択します。形状が変更されたことにより、ツールパスが正しくないことが確認できます。

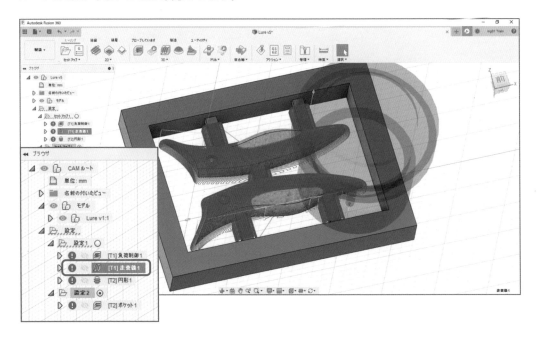

ブラウザで Ctrl キー（Mac は ⌘キー）または Shift キーを使ってすべてのツールパスを選択し、右クリックし［生成］でツールパスの計算を行います。

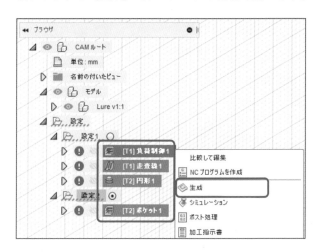

［生成］は、ツールパスを再演算するコマンドです。ツールパスをコピーしたり、形状が設計変更で変わったり、ワーク座標系（加工原点）を変更した場合には、オペレーションに赤い「！」マークが出るため、［生成］で再計算する必要があります。

ブラウザで「[T1] 走査線 1」のツールパスを選択し、設計変更したボディ形状に合わせてツールパスが更新されたことを確認します。

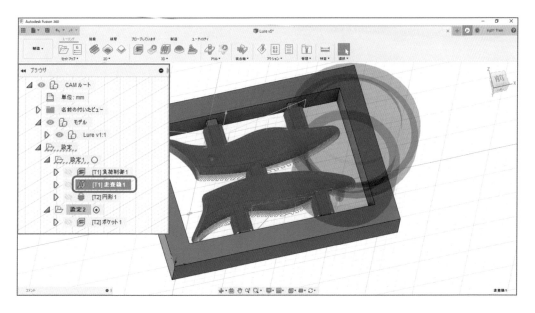

4.12 ツールパスを NC データに変換しよう

　ブラウザで Ctrl キー（Mac は ⌘キー）または Shift キーを使って、同じ工具を使用した 2 つのオペレーションを選択し、[アクション]‐[ポスト処理]を選択します。

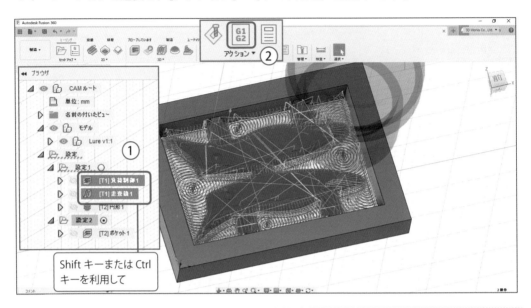

 ATC（工具自動交換装置）がついていない工作機械の場合、必ず工具ごとにポスト処理を行い、NC データを分けて作成してください。

　ドロップダウンリストから、「Eding CNC/USBCNC / eding」を選択します。

Mac の場合、以下のようなダイアログボックスが表示されます。

「ポスト プロセッサ」のドロップダウンリストから、「Eding CNC/USBCNC」を選択します。

「ポスト コンフィグ」、Mac の場合「ポスト プロセッサ」のドロップダウンに表示されるのが、標準で Fusion 360 にインストールされているポストプロセッサです。「Eding CNC/USBCNC」は USBCNC の標準ポストプロセッサです。

ポストプロセッサは、使用する工作機械に合わせたものを選択する必要があります。

「プログラム名と番号」に「1001」と入力し、［ポスト］を選択します。

Macの場合、「プログラム番号」に「1001」と入力し、[OK] を選択します。

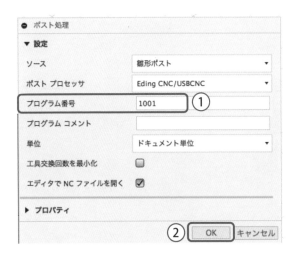

「プログラム名と番号」は、プログラムを示す番号です。任意の数字を入力してください。1
度入力すると、次回からは自動的に入っているため、変更する必要はありません。

任意のフォルダに任意の名前で保存します。

Macを使用している場合、拡張子が付加されない場合がありますので、「.cnc」をつけてく
ださい。

変換が完了すると、作成された NC データがエディタで表示されます。

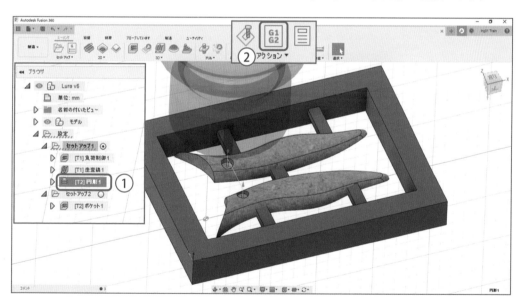

「[T2] 円形 1」のオペレーションを選択し、[アクション] - [ポスト処理] を選択します。

ATC（工具自動交換装置）がついていない工作機械の場合、必ず工具ごとにポスト処理を行い、NC データを分けて作成してください。

［ポスト］を選択します。

Mac の場合、［OK］を選択します。

任意のフォルダに任意の名前で保存します。

NC データを確認します。

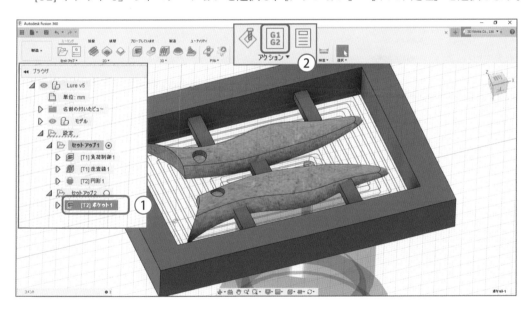

「[T2] ポケット 1」のオペレーションを選択し、［アクション］‐［ポスト処理］を選択します。

［ポスト］を選択します。

Mac の場合、［OK］を選択します。

任意のフォルダに任意の名前で保存します。

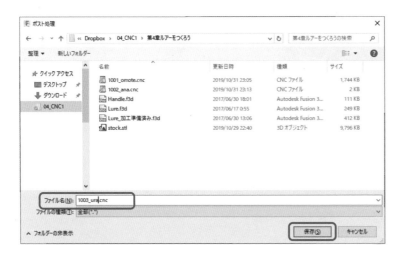

NC データを確認します。

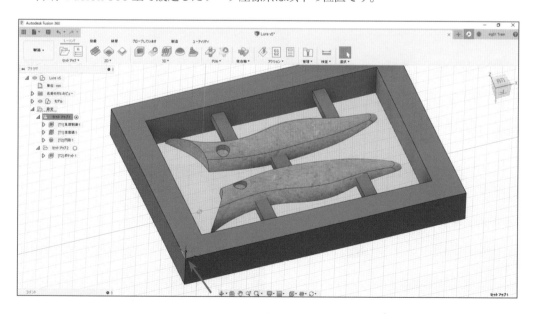

4.13 バイス固定時の原点設定を学ぼう

バイス固定をした場合のワーク座標系の設定方法の一つをご紹介します。

今回、Fusion 360 上で設定したワーク座標系は以下の位置です。

Xの原点を設定するため、工具を取り付けた状態で軸をストックに近づけ、触れる位置まで移動します。

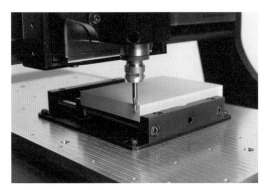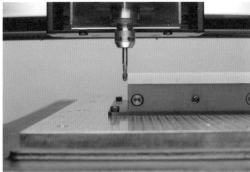

USBCNC で X の「Zero Axis」で 0 に設定します。

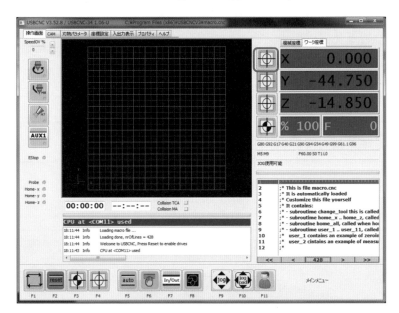

Yの原点を設定するため、工具を取り付けた状態で軸をストックに近づけ、触れる位置まで移動します。

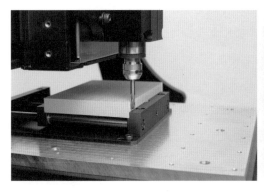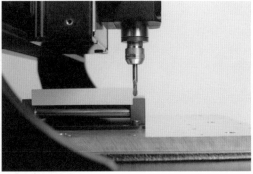

USBCNC で Y の「Zero Axis」で 0 に設定します。

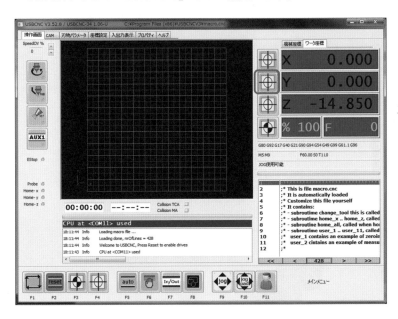

安全な高さに移動後、[Jog Pad] を使用して使用する工具半径分移動し、「Zero Axis」で原点に設定します。

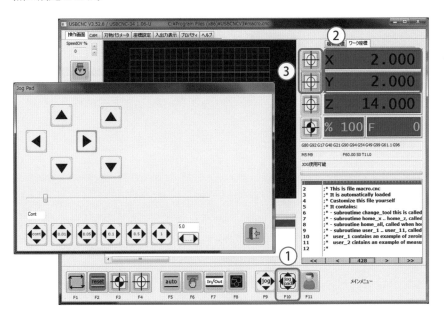

Ｚの原点を設定します。制御ソフトウェアで主軸を回転させます。

少しずつＺを下ろし、材料に触れた瞬間の座標をＺ座標に設定します。

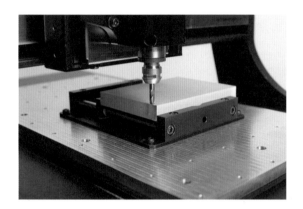

4.14 課題1：引き出しの取っ手（加工用モデリング）

以下の画像の引き出しの取っ手の加工用モデルを作ってみましょう。

完成品

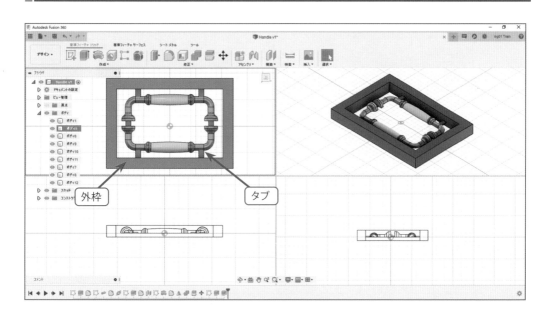

作成の条件

- 使用する「Handle.f3d」データは、以下の URL を検索し、巻末の袋とじ内に記されているナンバーを入力してダウンロードしてください。

  https://cad-kenkyujo.com/book/ （「スリプリブック」で検索）

- 分割した取っ手の最短距離：5 mm
- 取っ手と枠のクリアランス：5 mm
- 外枠の幅：10 mm
- タブの幅：5 mm
- タブの位置：以下の6箇所

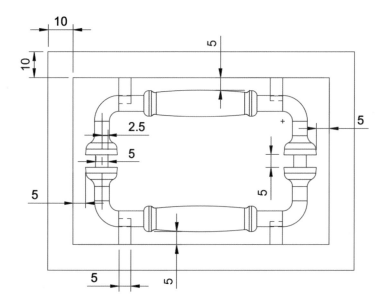

- 外枠の厚み：10 mm
- 外枠と取っ手の高さ方向のクリアランス：4 mm
- タブの高さ：1 mm

作成のヒント

※以下の加工方法はあくまで一例です。いろいろな作り方を試してみてください。

① ［ボディを分割］で取っ手を半分にカットできます。
② ［移動 / コピー］で取っ手の位置を移動できます。
③ タブと外枠は、真上から見たスケッチを作成し、寸法拘束しましょう。
④ 外枠の厚さは、［押し出し］の「2つの側面」を使用すると便利です。

今回のモデル作成のための推奨コマンド

- ［修正］-［ボディを分割］
- ［修正］-［移動 / コピー］
- ［スケッチを作成］-［長方形］-［2点指定の長方形］
- ［スケッチを作成］-［スケッチ寸法］

● ［スケッチを作成］ - ［線分］
● ［スケッチを作成］ - ［ミラー］
● ［作成］ - ［押し出し］

解答

解答は、以下 URL にてご紹介しております。

https://cad-kenkyujo.com/book/（「スリプリブック」で検索）

4.15 課題 2：引き出しの取っ手（ツールパス）

以下の画像の引き出しの取っ手のツールパスを作ってみましょう。

加工対象

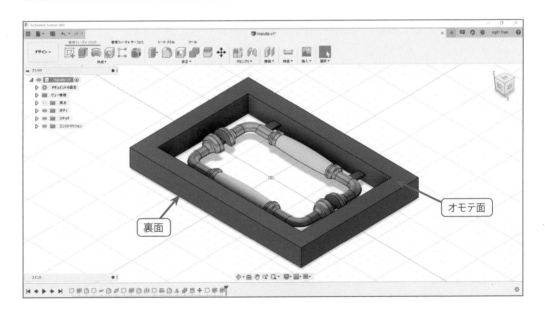

作成の条件

共通条件

● ストック（材料）の大きさ：外枠と同じ大きさ
● ストック（材料）の厚み：外枠と同じ厚み
● ワーク座標の位置：ストック（材料）の左下隅の一番高い位置
● 固定方法：バイス

- 使用可能な工具：
  - ∅ 4 mm フラット（送り速度 800 mm/min）
  - ∅ 4 mm ボール（送り速度 800 mm/min）
  - ∅ 3 mm フラット（送り速度 700 mm/min）
  - ∅ 3 mm ボール（送り速度 700 mm/min）
  - ∅ 2 mm フラット（送り速度 600 mm/min）
  - ∅ 2 mm ボール（送り速度 600 mm/min）
- 工具交換：1 回まで
- ツールパスとツールパスの間の工具の移動時の高さ：退避高さより 3 mm 上
- 1 つのツールパスの中での工具の移動時の高さ：ストック高さより 2 mm 上
- オモテ面の加工：取っ手をカットした底面より 0.2 mm 下まで加工

その他の条件

- 粗取りの最大切込みピッチ：3 mm
- 粗取りの中間切込みピッチ：1 mm
- 粗取りの仕上げ代：0.2 mm
- 仕上げの切削ピッチ：0.3 mm
- 仕上げの加工範囲：外枠の内側より 0.5 mm 内側まで

作成のヒント

※以下の加工方法はあくまで一例です。いろいろな加工方法を試し、それぞれのメリットやデメリットを考えてみてください。

①［設定］でストックの大きさとワーク座標の位置を設定します。
②なるべく太い工具で加工することで工具負荷を減らすことができます。
③［負荷制御］で負荷を減らしたツールパスができます。
④加工する範囲は、面を選択して「オフセット」の値を入力して定義します。
⑤仕上げのツールパスの加工範囲は、「工具制限境界」と「追加オフセット」で設定できます。
⑥裏からの加工は［ポケット除去］を使用します。
⑦加工する領域のフィレットの R 径を、［検査］-［計測］コマンドで計測することで、適切な工具径を選択できます。

今回のモデル作成のための推奨コマンド

- ［設定］-［設定］
- ［3D］-［負荷制御］
- ［3D］-［走査線］
- ［3D］-［ポケット除去］

解答

解答は、以下 URL にてご紹介しております。

　https://cad-kenkyujo.com/book/（「スリプリブック」で検索）

第 **5** 章

立体地図をつくろう

次の内容を学習します。

- ●セットアップの方法
- ●ツールパスの作成方法（負荷制御、等高線、スキャロップ）
- ●急斜面と緩斜面の加工

5.1 この章の流れ

　この章では、東京都の加工データを作成しながら、メッシュデータを利用したツールパス作成方法を学びます。

地図データ（メッシュデータ）をダウンロードします。（5.3）

Fusion 360 でメッシュデータを調整します。
（5.4、5.5）

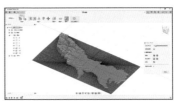

セットアップをします。（5.6）

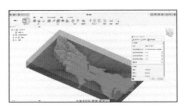

粗取りのツールパスを作成します。（5.7、5.8）

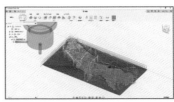

急斜面加工のツールパスを作成します。（5.9）

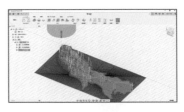

緩斜面加工のツールパスを作成します。（5.10）

5.2 加工の概要

材料： 　　　　　ケミカルウッド

使用する工具： 　∅6フラットエンドミル、∅3（R1.5）ボールエンドミル

加工方法： 　　　片面加工

固定方法： 　　　両面テープ

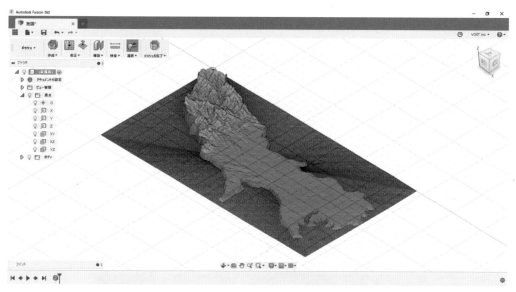

加工データ提供：国土地理院

5.3　地図データをインポートしよう

　国土地理院の WEB サイトでは、「地理院地図 3D」として、日本全国の 3D 立体地図データが無料でダウンロードできます。

　　https://maps.gsi.go.jp/3d/（「国土地理院 3D」で検索）

　今回は都道府県ごとのデータが提供されている「立体模型を作る（ダウンロード編）」より、東京都の地図データをダウンロードして利用します。

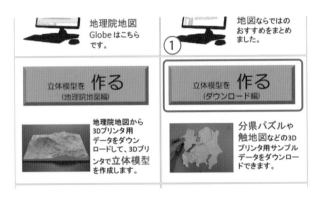

　「日本の県別の立体模型　データはこちら」をクリックします。

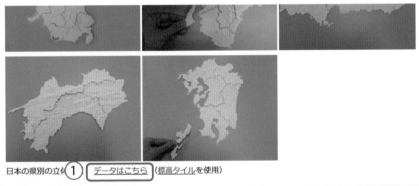

　以下のページが開きます。東京都の「STL ファイル（zip 形式）」をクリックし、データをダウンロードしてください。

https://maps.gsi.go.jp/3d/prefecture/prefecture.html

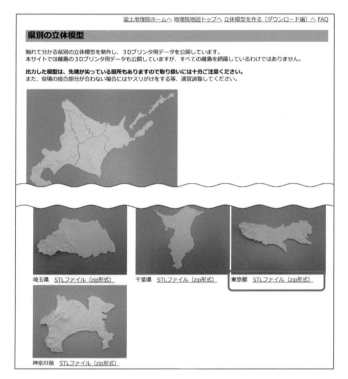

ダウンロードデータは zip 形式で圧縮されていますので、任意のフォルダーに展開しておいてください。

5.4 ［メッシュ］作業スペースを有効にしよう

［ユーザー名］‐［基本設定］で初期設定を変更します。

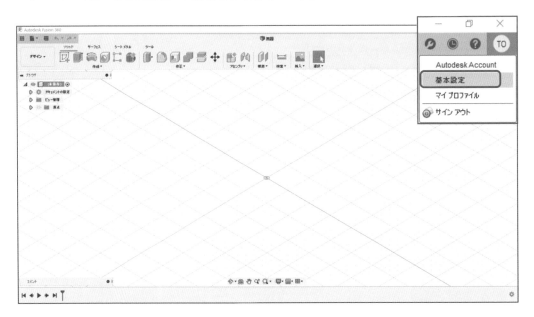

「プレビュー機能」を選択し、「一般」‐「［メッシュ］作業スペース」にチェックを入れ、［OK］
で確定します。

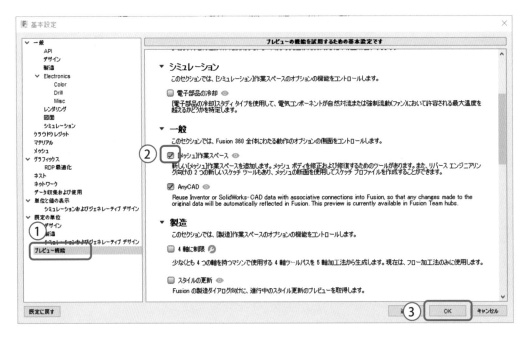

以下のようなメッセージが出たら「次回からサイン アップ」を選択し、［OK］で確定します。

5.5　メッシュをインポートしよう

新規デザインで、［作成］-［メッシュを作成］を選択します。

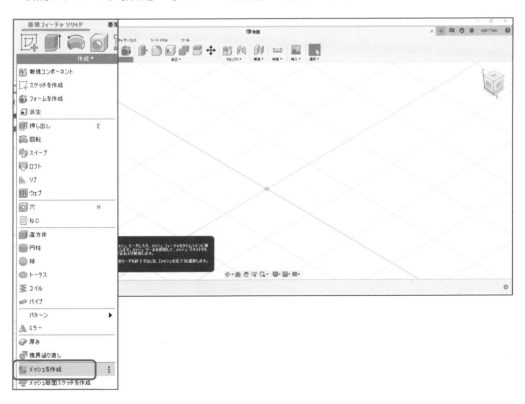

ワンポイントアドバイス

[メッシュを作成]コマンドを実行すると、[メッシュ]
作業スペースに移行します。ここで作業した内容は、
履歴バーの「メッシュ1」の履歴に格納されます。

　[作成]-[メッシュを挿入]で、ダウンロードした stl データを選択し、[開く]でデータを
開きます。

「上方向反転」を選択し、[OK]で確定します。

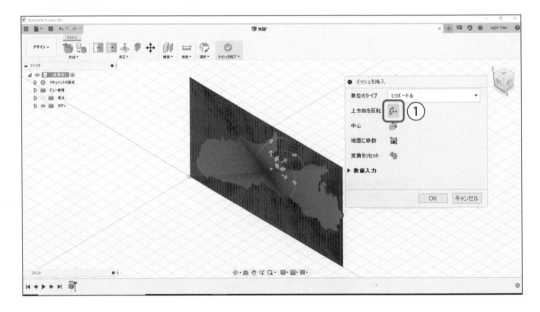

［検査］-［計測］で外形サイズを計測します。横幅が約 85 mm であることを確認します。

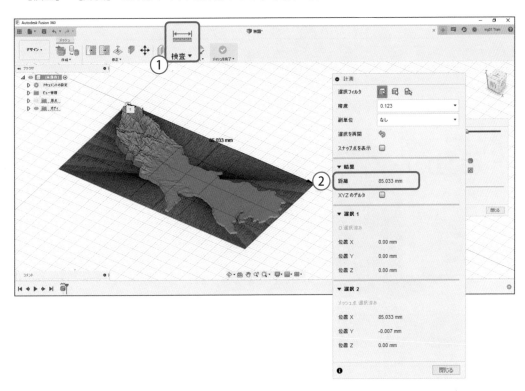

少し小さいため、2 倍に拡大します。［修正］-［尺度］で形状を選択します。

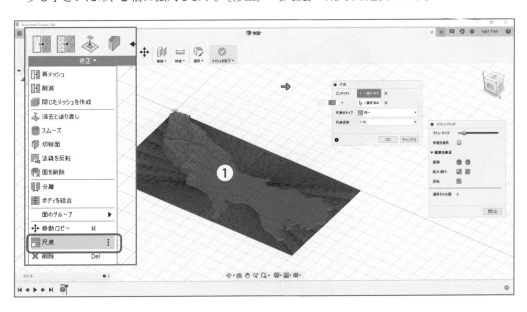

「点」の「×」マークを選択し、尺度の基準点を変更します。ブラウザで「原点」の0を選択し、「尺度係数」を「2」に設定し、[OK] で確定します。

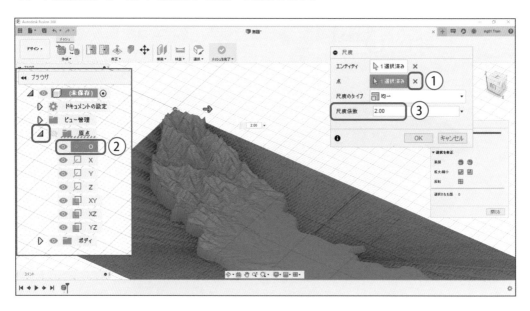

[メッシュを完了] でメッシュ作業スペースを終了します。

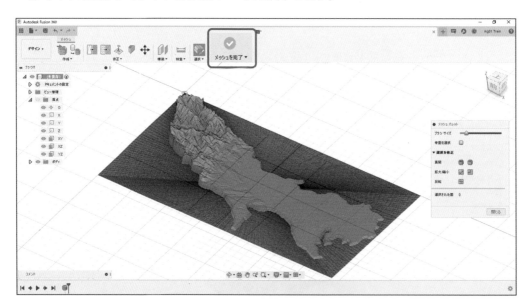

作業スペースを［製造］に変更します。

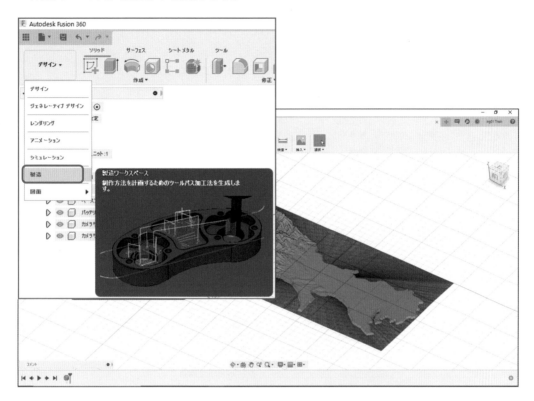

5.6 加工準備

［設定］-［設定］で、加工のための準備を行います。

「ストック点」の「ボックス点」を選択し、中心の一番下の点を選択します。

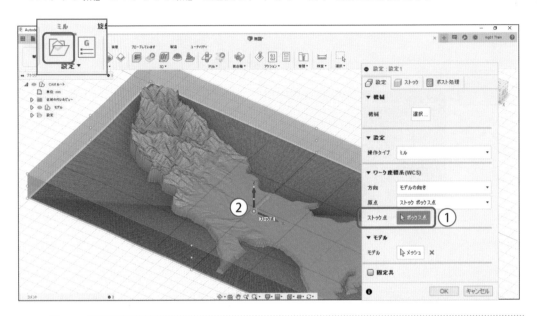

 ワンポイントアドバイス

ワーク座標系（加工原点）の位置は、任意で設定することが可能です。重要なのは、CAM
上で設定したワーク座標系（加工原点）と、加工機で設定した原点の位置が一致しているこ
とです。

「ストック」タブで、「ストック サイド オフセット」を「0 mm」、「ストック トップ オフセッ
ト」を「0 mm」に設定し、［OK］で確定します。

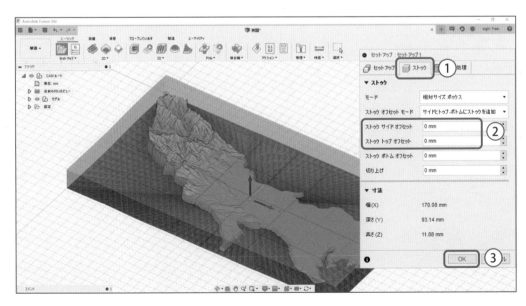

5.7 粗取りのツールパスをつくろう

　［3D］-［負荷制御］で粗取りのツールパスを作成します。［工具］タブの「工具」で工具を選択します。

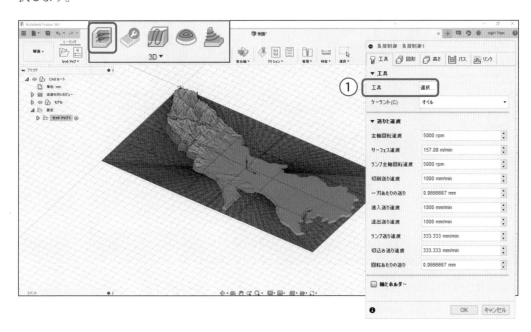

　右側のフィルタから「ツールカテゴリ」-「ミーリング」、「タイプ」-「フラット エンドミル」を選択します。

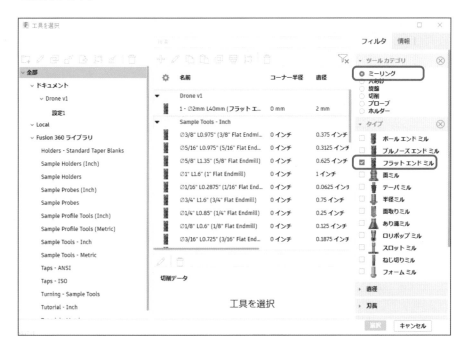

「直径」を開き、「選択」-「等しい」を選択します。

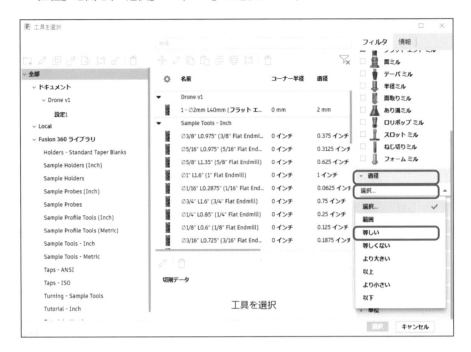

表示された寸法フィールドに「6mm」と入力し、工具を抽出します。

工具リストから、一番上の「∅ 6 mm L22.5mm」を選択し、［選択］を選択します。

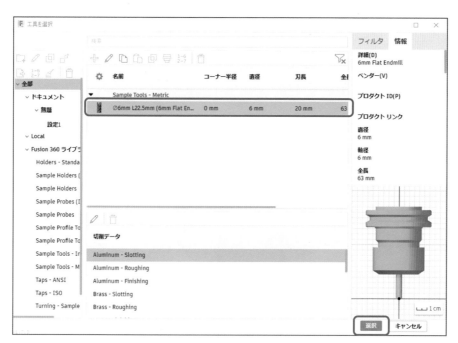

　［パス］タブで「最適負荷」を「2.4mm」、「最大粗取り切込みピッチ」を「4 mm」、「中間切込みピッチ」を「1 mm」に設定し、「径方向の仕上げ代」と「軸方向の仕上げ代」を「0.3 mm」に設定します。

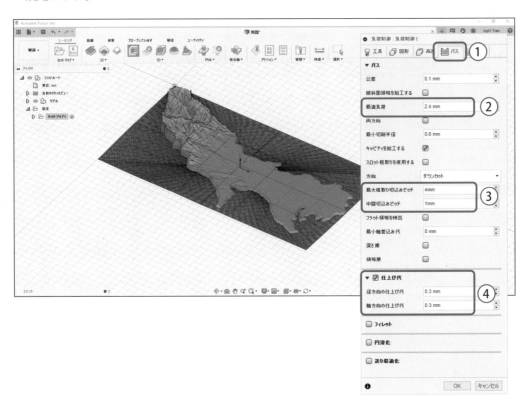

粗取りは大まかに削るため、「仕上げ代」と呼ばれる削り残しをつけることも多く、粗取り加工の際には 0.2 mm ～ 0.5 mm 程度製品形状より大きく削り、仕上げ加工で残った「仕上げ代」分を加工します。「径方向の仕上げ代」は側面方向に何 mm 残すか、「軸方向の仕上げ代」は底面方向に何 mm 残すかを設定します。

粗取りと仕上げの考え方については、第 1 章「加工の基礎知識」の 1.4 節「切削加工の順序と工具」を参照ください。

径方向の仕上げ代

軸方向の仕上げ代

[リンク] タブで「ランプ除去高さ」を「1 mm」に設定し、
[OK] で確定します。

ツールパスが作成されました。

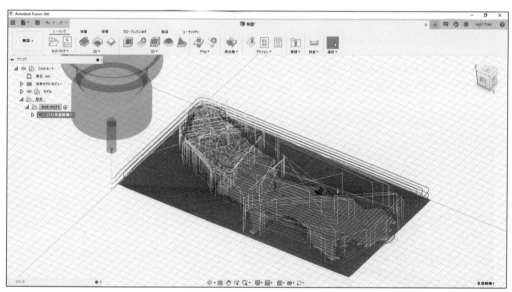

CAM 機能の効率的な把握方法

Fusion 360 の CAM 機能は、できることが多い分設定項目が非常に多くあります。さらに、CAM の操作としては数値を入力して確定するだけなので、どの設定がどのような働きをするのかを理解するまでに時間がかかる場合があります。

本書では、加工を行う際によく使う機能をご紹介していますが、それを実際に確認することが大切です。コマンド内の設定を変えてみて、ツールパスを確認するという作業を 1 つの設定箇所ごとに繰り返すことで、どのような動作のための設定なのかをより詳しく理解することができます。

［負荷制御］の「最大粗取り切込みピッチ」の設定を理解する例をあげます。まずは設定した「4 mm」の設定では、以下のようなツールパスです。

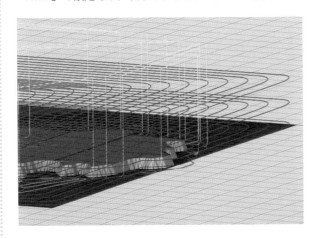

続いて、ツールパスを編集し、「最大粗取り切込みピッチ」を「1 mm」に変えてみます。すると、明らかにツールパスの量が増え、先程より細いピッチで加工していることがわかります。

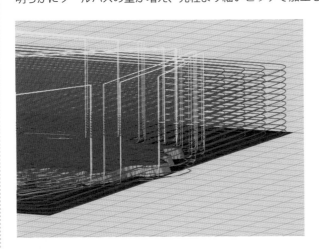

この様に、ツールパス作成→ツールパス確認→設定変更→ツールパス作成という作業を通して各設定項目の意味を理解することで、安全で早い切削加工ができるようになります。

5.8 再粗取りのツールパスをつくろう

　[3D]-[負荷制御]で再粗取りのツールパスを作成します。[工具]タブの「工具」で工具を選択します。

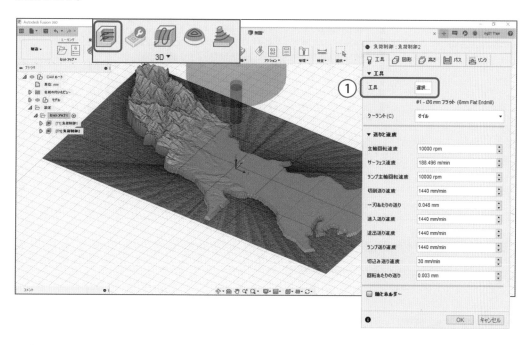

　右側のフィルタから「ツールカテゴリ」-「ミーリング」、「タイプ」-「ボール エンドミル」を選択します。

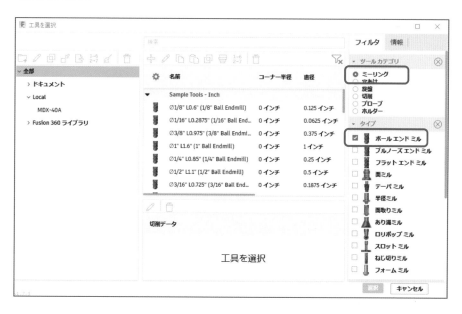

「直径」を開き、「選択」-「等しい」を選択します。

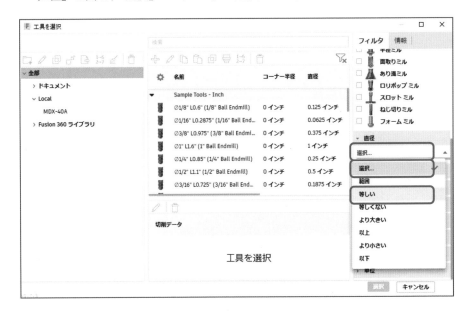

表示された寸法フィールドに「3mm」と入力し、工具を抽出します。

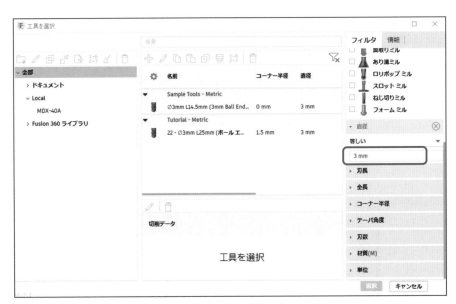

工具リストから、一番上の「∅3mm L14.5mm」を選択し、[選択] を選択します。

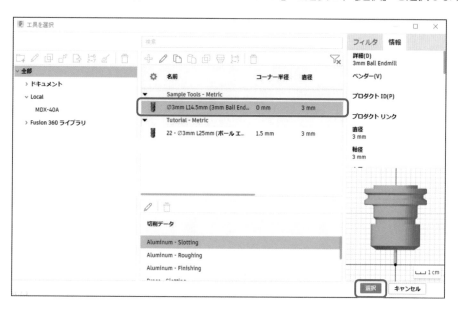

　[形状] タブで「ソース」を「前の操作から」に変更します。

　[パス] タブで「最適負荷」を「1.2mm」、「最大粗取り切込みピッチ」を「1mm」に、「中間切込みピッチ」を「0.5mm」に設定します。「径方向の仕上げ代」と「軸方向の仕上げ代」を「0.3mm」に設定します。

　[リンク] タブで「ランプ除去高さ」を「1mm」に設定し、[OK] で確定します。

「取残し加工」の設定を入れると、ストック（材料）の形状を認識して、必要な箇所にツールパスを出します。「ソース」が「ストック設定から」だと、セットアップで定義したストック形状を基に計算し、「前の操作から」に変更すると作成済みのツールパスで削れていない箇所を自動的に計算し、その領域のみにツールパスを作成します。

 「取残し加工」の計算は非常に複雑なため、計算時間が長くかかったり、取り残し領域が正しく検出されず、無駄なツールパスができたりする場合があります。

ツールパスが作成されました。

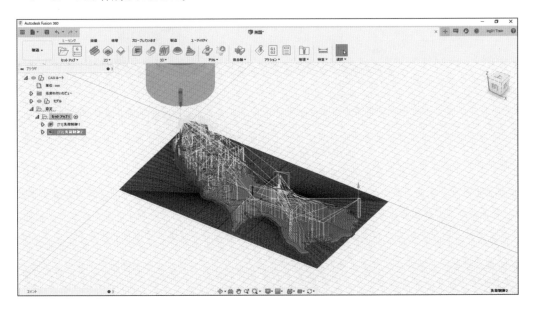

5.9　急斜面仕上げのツールパスをつくろう

　［3D］-［等高線］で仕上げのツールパスを作成します。［工具］タブの「工具」で先程使用した「∅ 3mm ボール (3mm Ball Endmill)」が選択されている事を確認します。

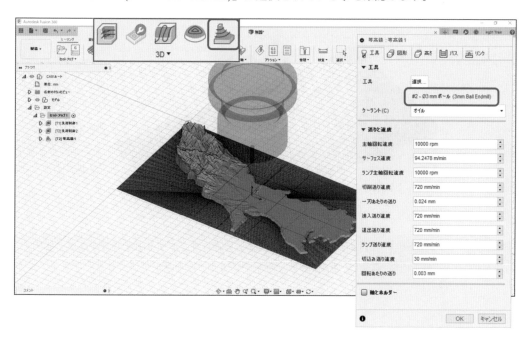

　［パス］タブで「最大切込みピッチ」を「0.3 mm」に設定し、［OK］で確定します。

ツールパスが作成されました。

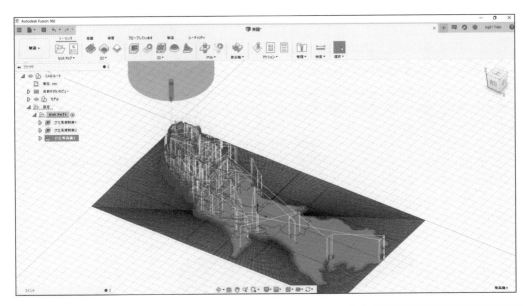

ワンポイントアドバイス

等高線のツールパスは、Z方向に一定の切り込み量で加工をするため、等高線の地図と同様に急斜面のツールパスは密になり、緩斜面のツールパスは間隔が広くなります。

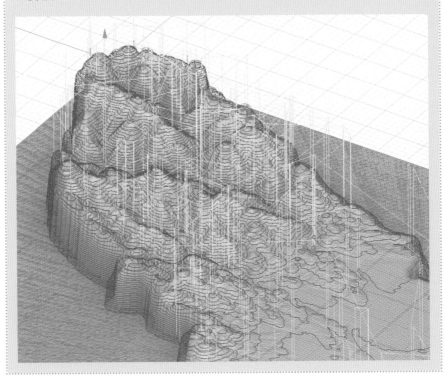

5.10 緩斜面仕上げのツールパスをつくろう

［3D］-［スキャロップ］で仕上げのツールパスを作成します。

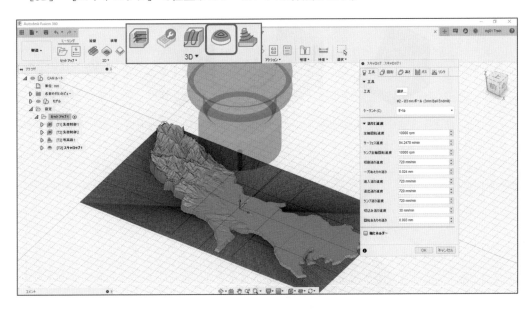

［形状］タブで「傾斜」のチェックを ON にし、「傾斜終了角度」を「30 deg」に設定します。
［パス］タブで「切削ピッチ」を「0.3 mm」に設定し、［OK］で確定します。

ツールパスが作成されました。

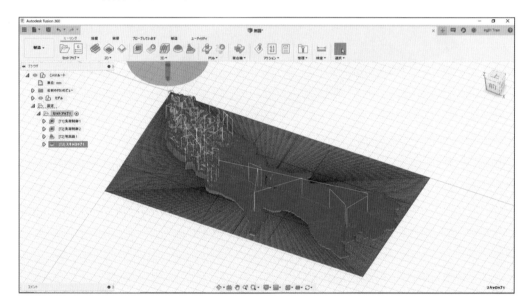

スキャロップのツールパスは、同心円を描くように一定の切削量で加工をするため、緩斜面に適した加工方法です。逆に急斜面では上下動作が大きくなります。急斜面は等高線のツールパスで仕上げているため、緩斜面のみを加工するために「傾斜」の設定を使用しました。

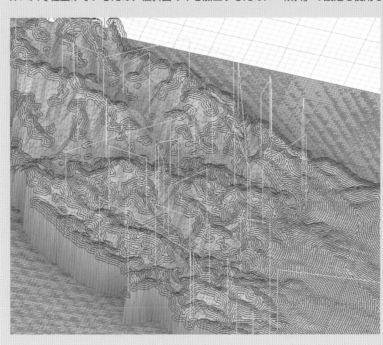

5.11 課題：鳥取県

以下の画像の鳥取県のツールパスを作ってみましょう。

加工対象

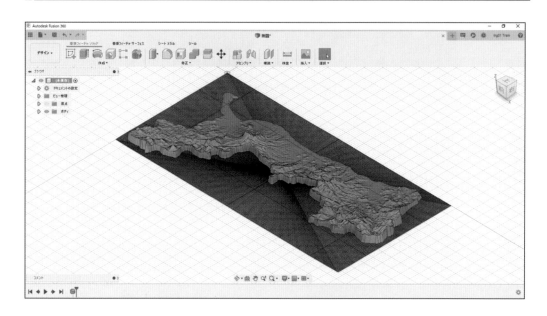

作成の条件

共通条件

- 3D データは国土地理院のウェブサイトからダウンロードして下さい。
- サイズ：インポートしたデータの 2 倍
- ストック（材料）の大きさ：データと同じ大きさ
- ストック（材料）の厚み：データと同じ厚み
- ワーク座標の位置：ストック（材料）の中心の一番低い位置
- 固定方法：両面テープ
- 使用可能な工具：
  - ∅ 6 mm フラット（送り速度 1000 mm/min）
  - ∅ 4 mm フラット（送り速度 800 mm/min）
  - ∅ 4 mm ボール（送り速度 800 mm/min）
  - ∅ 3 mm フラット（送り速度 700 mm/min）
  - ∅ 3 mm ボール（送り速度 700 mm/min）
- 工具交換：1 回まで

その他の条件

● 粗取りの最大切込みピッチ：4 mm

● 粗取りの中間切込みピッチ：1 mm

● 粗取りの仕上げ代：0.3 mm

● 再粗取りは仕上げの工具と同一

● 再粗取りの最大切込みピッチ：1 mm

● 再粗取りの中間切込みピッチ：0.5 mm

● 再粗取りの仕上げ代：0.3 mm

● 仕上げの切込みピッチ：0.3 mm

● 仕上げの切削ピッチ：0.3 mm

● 緩斜面仕上げの加工範囲：30°の角度の面まで

作成のヒント

※以下の加工方法はあくまで一例です。いろいろな加工方法を試し、それぞれのメリットやデメリットを考えてみてください。

①［設定］でストックの大きさとワーク座標の位置を設定します。

②なるべく太い工具で加工することで工具負荷を減らすことができます。

③［負荷制御］で負荷を減らしたツールパスができます。

④再粗取りをする際は、「取残し加工」の設定で前のツールパスを認識して取り残っている箇所にのみツールパスを作成できます。

⑤仕上げのツールパスは、急斜面を［等高線］、緩斜面を［スキャロップ］で作成するときれいに仕上がります。

⑥角度を指定して加工範囲を決定する、「傾斜」の設定が便利です。

今回のモデル作成のための推奨コマンド

● ［設定］-［設定］

● ［3D］-［負荷制御］

● ［3D］-［等高線］

● ［3D］-［スキャロップ］

解答

解答は、以下URLにてご紹介しております。

https://cad-kenkyujo.com/book/（「スリプリブック」で検索）

第**6**章

カスタムポストプロセッサ をインポートしよう

次の内容を学習します。

- ● ポストプロセッサとは
- ● ポストプロセッサのダウンロード
- ● ポストプロセッサのインポート

6.1 ポストプロセッサとは

　ポストプロセッサは、CAM データを各工作機械に合わせた NC データに変換するためのツールです。Fusion 360 を始めとする CAM ソフトウェアは、様々な工作機械に汎用的に対応するために、ツールパスデータを CAM ごとの独自の形式で保持しています。

　一方、工作機械には、制御機と呼ばれる、NC データを読み取って機械を動作させるプログラムが付属しています。代表的な制御機が幾つかあり、制御機によって NC データの記述方法が大きく異なります。Fusion 360 で作成した CAM のデータを、各制御機用にカスタマイズされたポストプロセッサを通して変換することで、各制御機にあった NC データを生成できます。使用される機械によってポストプロセッサを切り替えることで、同じ CAM データを使用して各工作機械に対応した NC データを作成できるのです。

　さらに、産業用のマシニングセンタなどでは、同じ機械や制御機でも、機械の型式やオプション機能の有無によって NC データの記述の方法が異なることもしばしばあります。普段使用されている NC データに近い形式で出力する場合には、ポストプロセッサのカスタマイズが必要になります。

　弊社の BIZ ROAD（ビズロード）サービスで、「ポストプロセッサ作成サービス」を提供しておりますので、ご希望の方はお問い合わせください。

　　https://bizroad-svc.com

6.2 ポストプロセッサのダウンロード

　Fusion 360 には、雛形ポストとして数十種類のポストプロセッサが標準でインストールされています。それに加え、機械メーカーなどが工作機械毎にカスタマイズした最新のポストプロセッサがダウンロードできる Web サイトが公開されています。

　「Post Library for Fusion 360 and Autodesk HSM」　https://cam.autodesk.com/hsmposts

　今回は、このPost Libraryより、KitMillシリーズ用のポストプロセッサをダウンロードします。

　「Post Library for Fusion 360 and Autodesk HSM」にアクセスします。

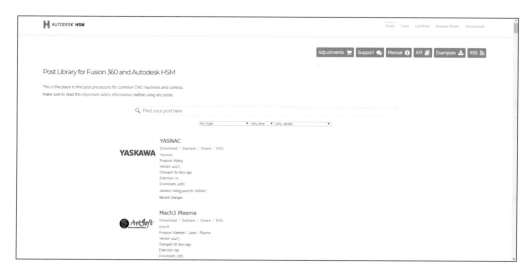

　検索フィールドで、「originalmind」と入力し、[Download] でダウンロードします

ダウンロードされた「originalmind.cps」ファイルがポストプロセッサファイルです。

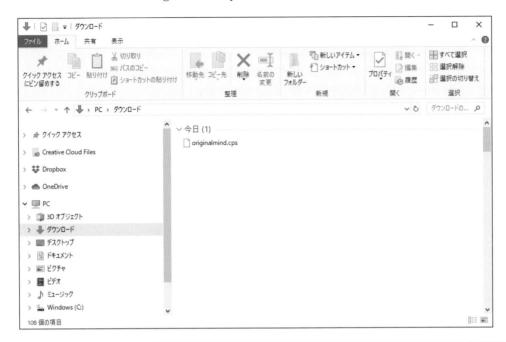

Windows の場合、［アクション］-［ポスト処理］コマンドから Post Library のサイトに移動できます。

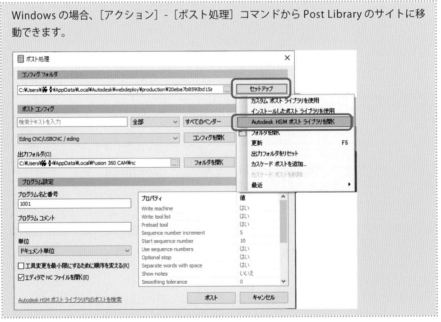

6.3 ポストプロセッサのインポート — Windows編

ツールパスが含まれた任意のCAMデータを開き、ブラウザでツールパスを選択し、[アクション]-[ポスト処理]を選択します。

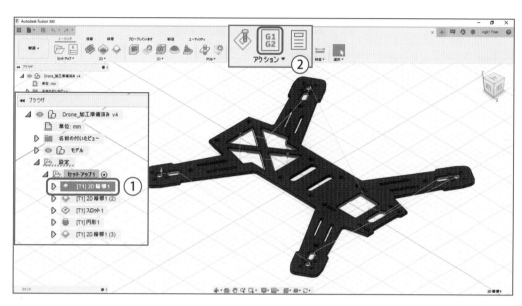

[ポスト処理]コマンドを実行するには、ツールパスが含まれたデータである必要があります。

[セットアップ]-[カスタム ポストライブラリを使用]を選択します。

［セットアップ］-［フォルダを開く］を選択します。

立ち上がったエクスプローラに、ダウンロードした「originalmind.cps」ポストプロセッサを貼り付けます。

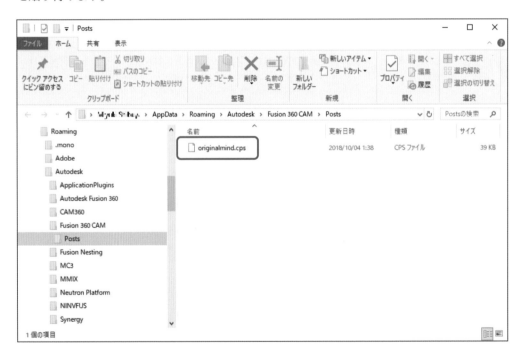

［セットアップ］-［更新］を選択します。

 この操作は、ポストプロセッサをインポートするためのもので、初めの1回だけ行えば問題ありません。指定のフォルダにポストファイルを配置しておくことで、今後ドロップダウンリストで選択できるようになります。

ドロップダウンリストから「KitMill series/originalmind」を選択し、［ポスト］でNCデータを作成します。

6.4 ポストプロセッサのインポート — Mac OS 編

　ツールパスが含まれた任意の CAM データを開き、ブラウザでツールパスを選択し、[アクション] - [ポスト処理] を選択します。

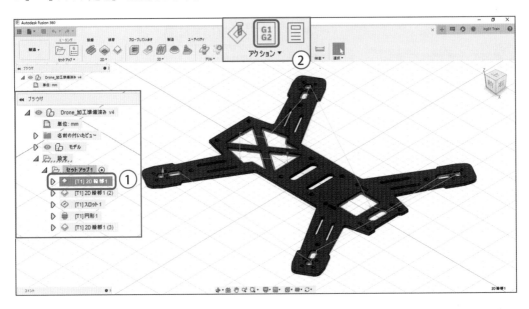

　[アクション]-[ポスト処理]を選択し、「ソース」から「カスタム ポスト」を選択します。

　Finder で、「/Users/ ユーザー名 /Autodesk/Fusion 360 CAM/Posts」フォルダを開き、「originalmind.cps」を貼り付けます。

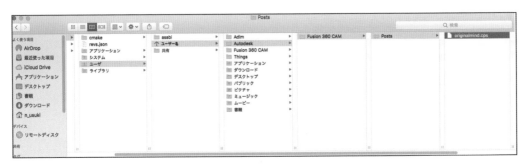

［キャンセル］を選択し、コマンドを終了します。

再度［アクション］-［ポスト処理］を選択します。

「ポスト プロセッサ」のドロップダウンリストから「KitMill series」を選択し、［OK］で NC データを作成します。

第 **7** 章

工具登録をしよう

次の内容を学習します。

● 工具の管理方法
● 工具ライブラリの使い方
● 工具登録の方法

7.1 工具の管理

Fusion 360 には、デフォルトでサンプルの工具が複数登録されています。基本的に、ツールパスの計算には工具の直径や工具の形状情報が使用されるため、全く同じ長さの工具を持っていなくても、ツールパスを作成して加工することができます。しかし、使用したい直径の工具が入っていなかったり、工具の長さや首下長による工具とストックの干渉をチェックしたり、切削条件の初期値の設定するために、工具を登録することがしばしばあります。

本章では工具の管理と登録の方法を学んでいただきます。

7.2 工具ライブラリの使い方を学ぼう

工具ライブラリとは、Fusion 360 に登録されている工具を管理するための機能です。

作業スペースを［製造］に変更します。

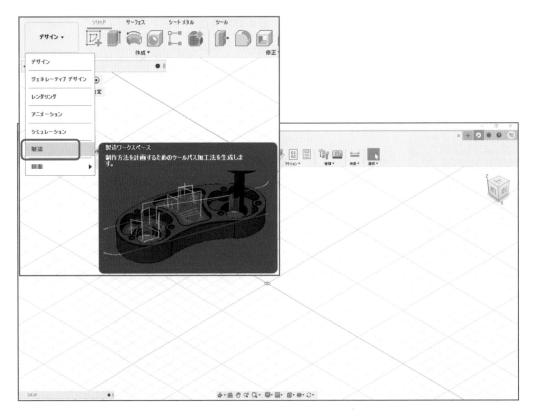

［管理］-［工具ライブラリ］を選択します。

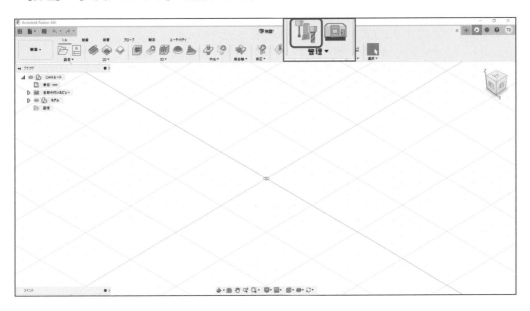

ダイアログの各部の説明は以下の通りです。

ライブラリツリー：工具ライブラリの一覧が表示されます

工具やホルダの作成ができます　　検索ウィンドウ：ライブラリ内の工具やホルダの検索ができます

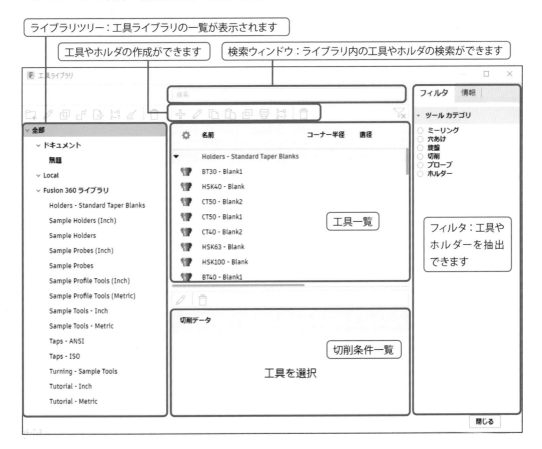

ライブラリツリーには、現在 Fusion 360 で開いている
ドキュメントの一覧、「Local」という使用している PC
に保存される工具ライブラリ、「Fusion 360 ライブラリ」
というデフォルトで登録されている工具ライブラリが
表示されます。
「ライブラリ」とは、工具箱のようなもので、例えば工
作機械ごとや工具メーカーごとでライブラリを分けて
工具を管理することができます。

 ツールパスを作成する際に選択した工具は、自動的にそのドキュメント内にコピーされて保
存されます。ドキュメント名を選択すると、使用した工具の一覧と、その工具がどのツール
パスで使用されているかが表示されます。

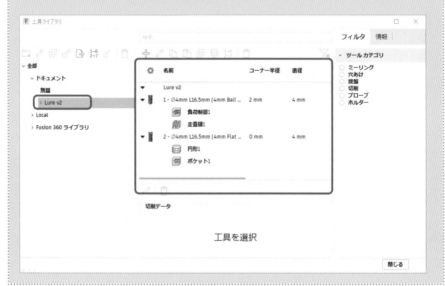

7.3 工具登録をしよう

ライブラリツリーで「Local」を選択し、「新規ライブラリ」を選択します。

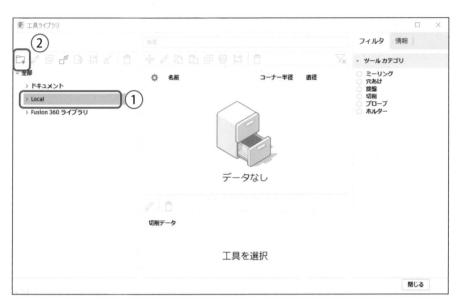

名前に「MDX-40A」と入力し、Enter で確定します。

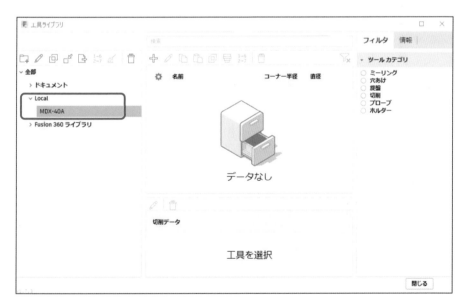

［基本設定］で「一般」-「製造」の「クラウドライブラリを
有効にする」にチェックを入れることで、クラウド上に工
具登録が行えます。

「新規工具」を選択します。

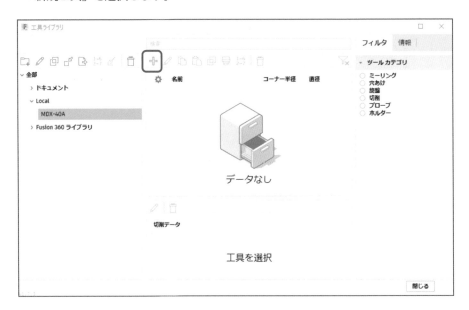

「ミーリング」の「フラット エンド ミル」を選択します。

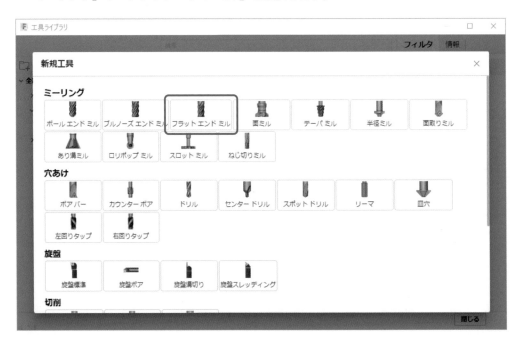

［全般］タブの「詳細」に「MDX-40A」と記入します。

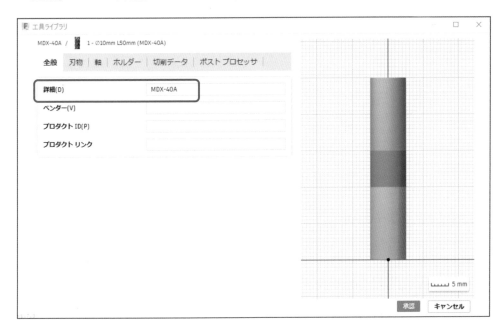

　［刃物］タブで「刃数」に「2」、「ジオメトリ」の「直径」に「2 mm」、「軸径」に「4 mm」、「全長」に「50 mm」、「ホルダー下の長さ」に「40 mm」、「首下長」に「10 mm」、「刃長」に「4.5 mm」を設定します。

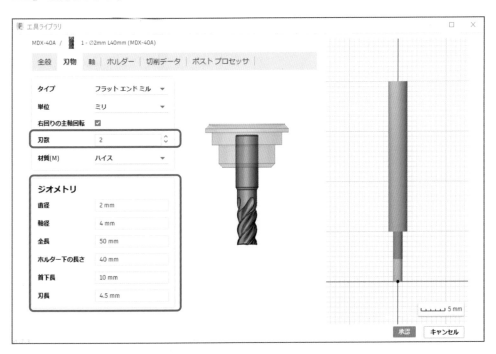

「ジオメトリ」の各設定は、以下の画像の通りです。

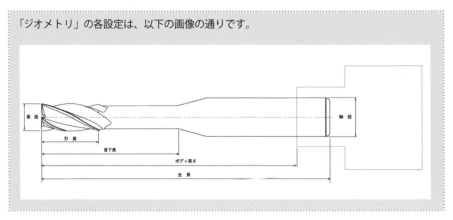

［軸］タブで、［+］を選択します。

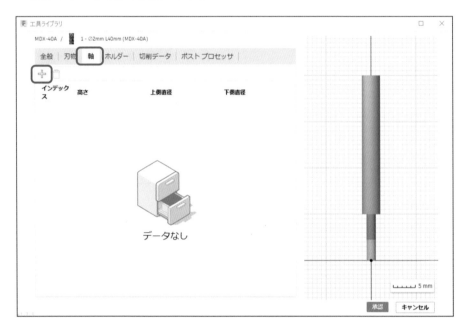

「高さ」に「6」、「上側直径」に「4」、「下側直径」に「2」を入力し、角度をつけます。

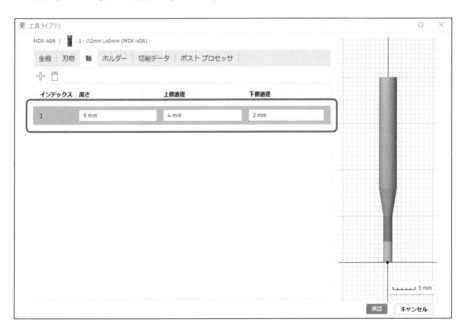

 ［軸］タブの各設定は、以下の画像の通りです。

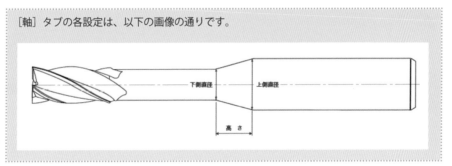

［ホルダー］タブは今回は設定変更しません。

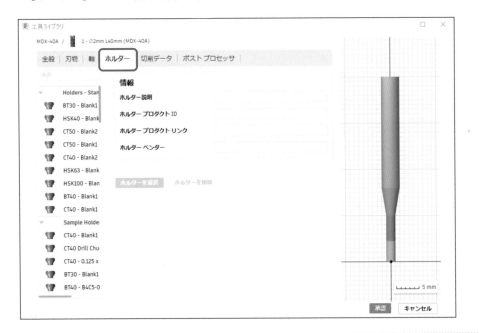

 ホルダーを登録しておくことで、ホルダーとの干渉チェックをすることもできます。ホルダーとの干渉を見る必要が無い場合、ホルダーなしで登録できます。

［切削データ］タブで、工具の切削条件の初期値を設定します。「主軸回転速度」に「15000 rpm」、「切削送り速度」に「1200 mm/min」、「切込み送り速度」に「600 mm/min」を入力し、［承認］で確定します。

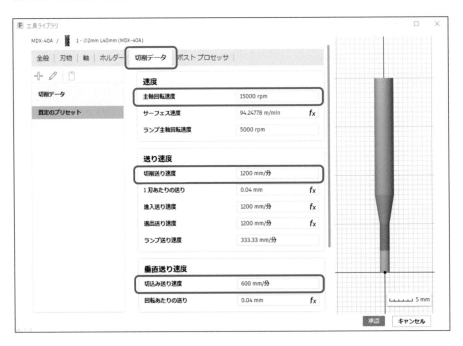

「サーフェス速度」や「一刃あたりの送り」は、以下の切削条件式に基づいて自動的に計算されます。

切削速度 (サーフェス速度)

$$Vc = \frac{\pi \times D \times n}{1,000}$$

主軸回転数 (スピンドル回転速度)

$$n = Vc \div \pi \div D \times 1,000$$

送り速度 (切削送り速度)

$$Vf = n \times f_z \times Z$$

一刃あたりの送り速度 (一刃あたりの送り)

$$f_z = \frac{F}{n \times Z}$$

Vc	=	切削速度 (m/min) (サーフェス速度)
π	=	3.14 [円周率]
D	=	刃径 (mm)
n	=	主軸回転数 (min) (スピンドル回転速度)
Vf	=	送り速度 (mm/min) (切削送り速度)
f_z	=	一刃送り (mm/tooth)
Z	=	刃数

ホルダーを登録しておくことで、ホルダーとの干渉チェックをすることもできます。ホルダーとの干渉を見る必要が無い場合、ホルダーなしで登録できます。

∅ 2 mm の工具が登録されたことを確認して、「工具ライブラリ」を［閉じる］で閉じます。

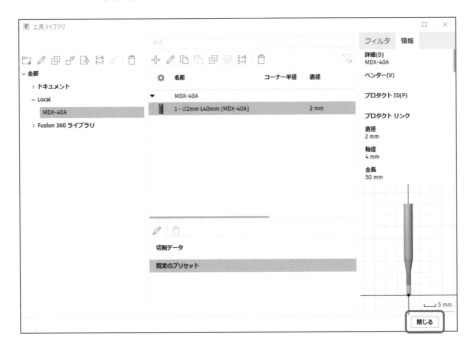

 ［全般］タブの「詳細」に入力した文字列は、工具の名称の後ろの（）内に表示されます。

 サンプルのライブラリなど、他のライブラリから、工具をコピーして任意のライブラリに貼り付け、編集することも可能です。

以下の情報を基に工具を登録してみましょう。

作成の条件

- 登録するライブラリ：「My Tool」という名前で新規作成
- 種類：ボールエンドミル
- 刃数：2
- 詳細：MDX-40A
- 直径：2 mm
- 刃長：5 mm
- 首下長：30 mm
- シャンク径：4 mm
- ホルダー下の長さ：60 mm
- 全長：80 mm
- 直径が変化する部分の長さ：10 mm
- 主軸回転数の初期値：12,000 rpm
- 切削送り速度の初期値：800 mm/min

作成のヒント

① ［新規ライブラリ］で工具を登録できます。
② ［新規工具］で新しい工具を登録できます。
③ ［軸］タブで、直径が変化する部分の設定ができます。

今回のモデル作成のための推奨コマンド

- ［管理］-［工具ライブラリ］

解答

解答は、以下URLにてご紹介しております。

　https://cad-kenkyujo.com/book/（「スリプリブック」で検索）

第**8**章

おもちゃの車の タイヤをつくろう

次の内容を学習します。

- ●セットアップの方法
- ●ツールパスの作成方法（負荷制御、2D 輪郭、面、2D ポケット、ボア）
- ●NC データの変換方法

8.1 この章の流れ

この章では、タイヤの加工データを作成しながら、第 7 章で作成した工具を使用してツールパスを作成する方法を学びます。

セットアップをします。（8.3）

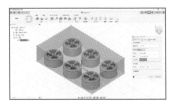

粗取りのツールパスを作成します。（8.4）

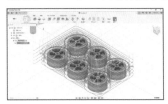

側面仕上げ加工のツールパスを作成します。（8.5）

上面の仕上げ加工のツールパスを作成します。（8.6）

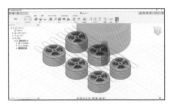

ホイール部分の再粗取りのツールパスを作成します。（8.8）

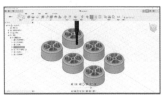

ホイール部分の仕上げツールパスを作成します。（8.9、8.10）

穴加工のツールパスを作成します。（8.11）

フィレット部の仕上げツールパスを作成します。（8.12）

NC データに変換します。（8.7、8.13）

8.2 加工の概要

材料：　　　　　　ケミカルウッド

使用する工具：　∅6フラットエンドミル、∅2フラットエンドミル、∅3（R1.5）ボールエンドミル

使用する機械：　MDX-40A

加工方法：　　　片面加工

固定方法：　　　両面テープ

8.3 セットアップ

　データパネルを開き、［アップロード］ボタンを選択します。［ファイルを選択］で「Car_tire.f3d」を選択し、アップロードします。

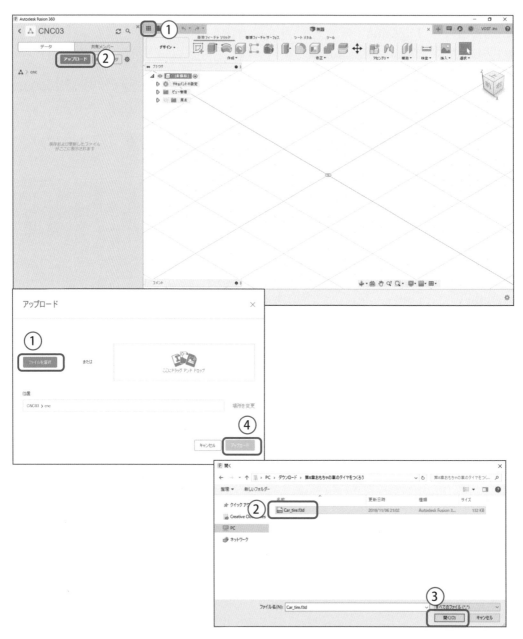

 使用するデータは、以下の URL からダウンロードできます。
　https://cad-kenkyujo.com/book/（「スリプリブック」で検索）
「おもちゃの車をつくろう」フォルダの「Car_tire.f3d」を使用します。

「Car_tire」ファイルを開き、作業スペースを［製造］に変更します。

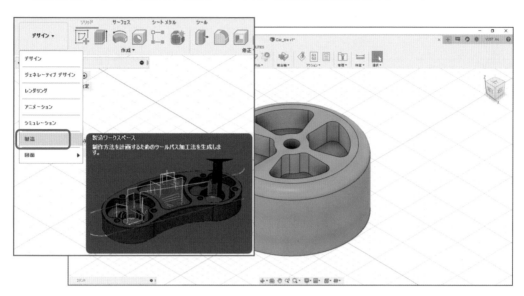

［設定］-［設定］で、加工のための準備を行います。セットアップでは、①ワーク座標系(WCS)と②材料サイズ（ストック）を設定します。

「原点」を「モデル原点」に設定します。

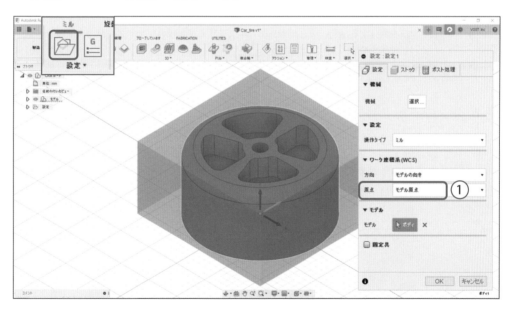

 必ず、+Z方向から工具が下りてくるように加工原点を設定します。「モデル原点」は、モデリング時の原点を、加工原点に定義する設定です。

 ワーク座標系（加工原点）の位置は、任意で設定することが可能です。重要なのは、CAM上で設定したワーク座標系（加工原点）と、加工機で設定した原点の位置が一致していることです。

「ストック」タブで、ストック（材料）のサイズを変更します。「モード」を「固定サイズストック」にして、「幅（X）」に「83 mm」、「深さ（Y）」に「52 mm」、「高さ（Z）」に「20 mm」を入力します。

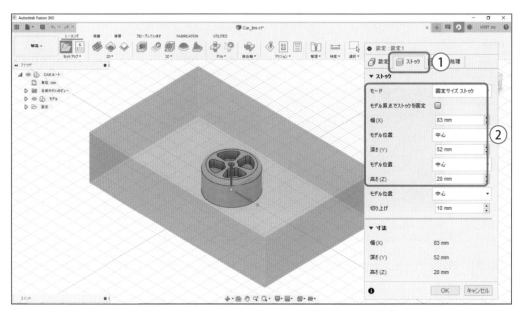

 今回使用する材料は、80 mm × 50 mm × 20 mm のサイズを購入しました。サイズを指定して材料を購入する場合、少し大きめのサイズで届くことが多いです。実際のストックを測り、少し大きめのサイズを入力しておくことで、削り残しが出ないようにツールパスを作製できます。

画面を「前」に向け、形状を横から見た画面にします。

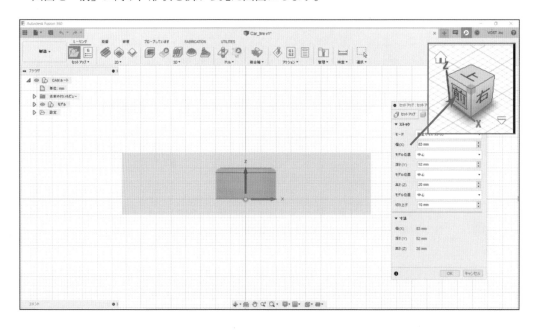

「モデル位置」を「ボトム（–Z）からのオフセット」に設定し、「オフセット」に「0 mm」を入力し、［OK］で確定します。

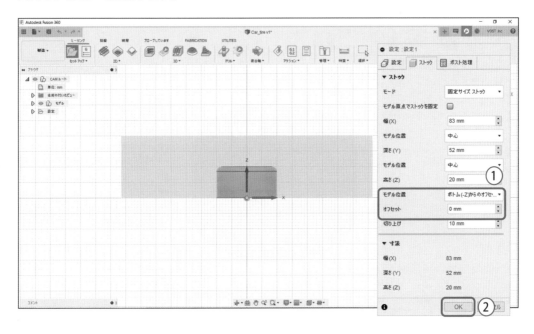

　今回使用するストック（材料）は定型サイズで購入したものですが、タイヤ1個を削り出すのは無駄が多いため、CAD機能を使用して6個のタイヤを並べ、一度に加工します。
　作業スペースを「デザイン」に切り替えます。

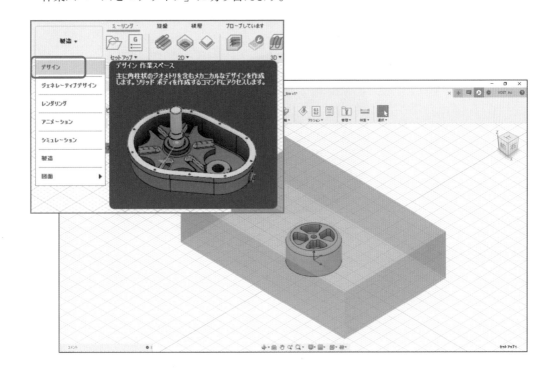

　[作成] - [パターン] - [矩形状パターン] で、形状を並べてコピーします。「パターン タイプ」を「ボディ」にし、タイヤの形状を選択します。

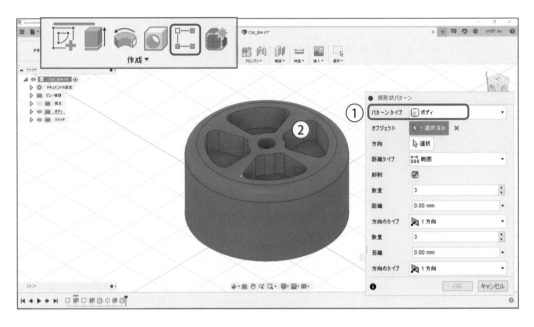

　「方向」を選択し、赤い軸を選択します。

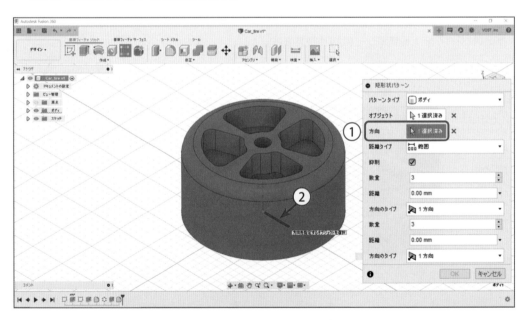

「距離 タイプ」を「間隔」に設定し、X方向に「数量」を「3」、「距離」を「28 mm」、Y方向に「数量」を「2」、「距離」を「28 mm」に設定し、[OK]で確定します。

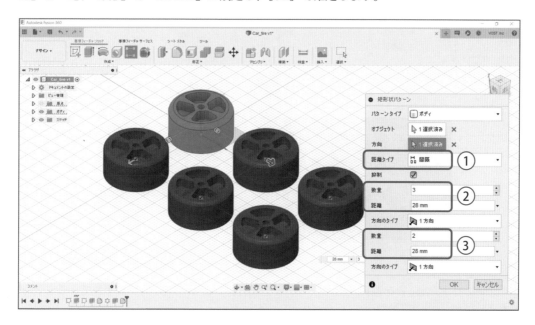

今回は∅6の工具を使用する予定のため、タイヤ間の距離が8 mmになるように間隔を決定しました。この幅が、使用する工具の「直径 + α」以上になっていないと、工具が入り込めなく、加工が出来ません。

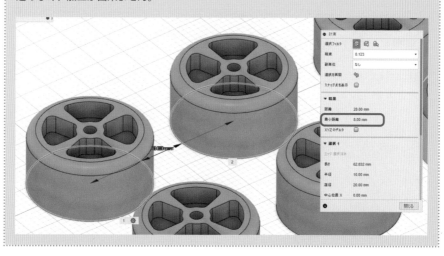

作業スペースを「製造」に変更します。

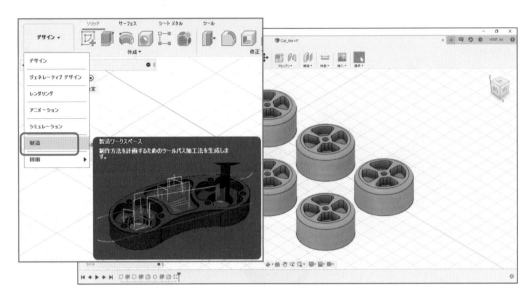

　ブラウザで「設定 1」を選択すると、ストック（材料）とモデルの位置がずれていることが確認できます。パターンでコピーした形状も加工対象モデルとするため、設定を変更します。

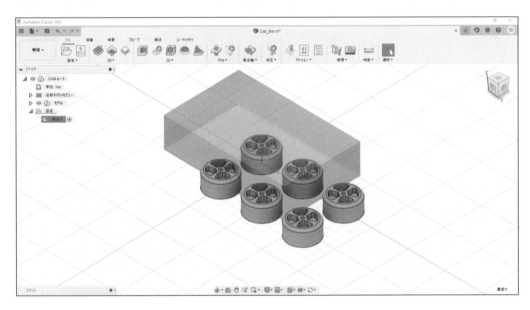

　ブラウザで「設定 1」をダブルクリック、または右クリック［編集］を選択します。

「モデル」を選択し、6つのボディを選択します。

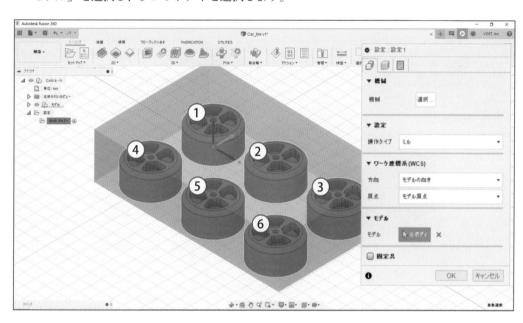

「モデル」の設定は、加工対象を定義する機能です。
ストック（材料）は、加工対象の中心基準でサイズが決まっているため、「モデル」で6個のタイヤが選択されることでストックは中心の位置に整列されます。

　ワーク座標系をストックの中心に移動します。「原点」を「ストック ボックス点」に変更し、「ストック点」で中心の一番低い位置の点を選択し、[OK] で確定します。

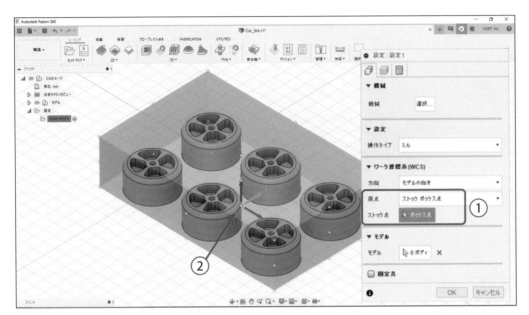

　設定はいつでも変更可能です。ツールパスを作成後に設定を変更した場合、ツールパスの再計算が必要となります。

8.4 粗取りのツールパスをつくろう

［3D］-［負荷制御］で、粗取りのツールパスを作成します。［工具］タブの「工具」で工具を選択します。

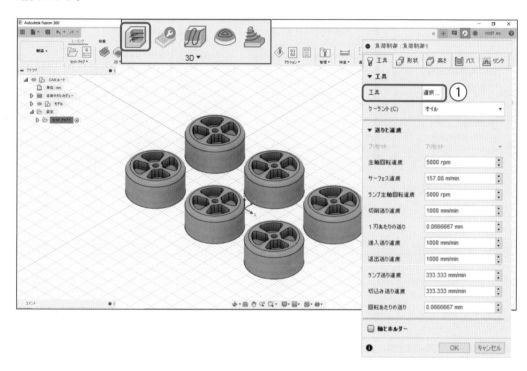

右側のフィルタから「ツールカテゴリ」-「ミーリング」、「タイプ」-「フラット エンドミル」を選択します。

「直径」を開き、「選択」-「等しい」を選択します。

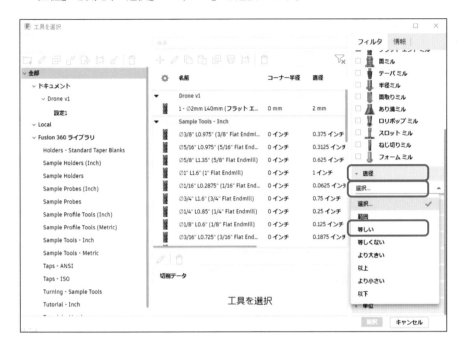

表示された寸法フィールドに「6mm」と入力し、工具を抽出します。

工具リストから、一番上の「⌀6 mm L22.5mm」を選択し、［選択］を選択します。

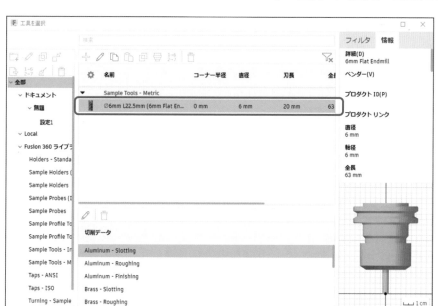

切削条件を設定します。「主軸回転速度」に「15,000 rpm」、「切削送り速度」に「1,500 mm/min」「進入送り速度」に「1,400 mm」、「退出送り速度」に「1,400 mm」を入力します。

今回使用する、ローランド ディー . ジー . 株式会社製の MDX-40A では、主軸回転速度を設定することができます。

最適な切削条件は、材料の材質、工具の材質、工具の直径、工具の突き出し量によって変わりますので、ご注意ください。

切削条件については、第 1 章「加工の基礎知識」の 1.15 節「切削条件」をご参照ください。

切削条件の仕組み

切削条件は、一般的に、以下の 4 つのファクターで決まります。

● 切削速度（サーフェス速度）
● 主軸回転数（スピンドル回転速度）
● 送り速度（切削送り速度）
● 一刃あたりの送り速度（一刃あたりの送り）

　NC データに記述される切削条件は、「主軸回転数（S）」と「送り速度（F）」であるため、この 2 つの数値を設定することが多いです。しかし実際には、同じ直径の工具でも刃の数などによって切削条件は変わるため、一概に∅○ mm の工具だから主軸回転数と送り速度切削条件はこれ、とは決定できません。

　そこで、「切削速度（サーフェス速度）」と「一刃当たりの送り速度」という考え方が重要になってきます。一般的に、以下の式によって求められます。

切削速度(サーフェス速度) $$Vc = \dfrac{\pi \times D \times n}{1,000}$$	Vc ＝ 切削速度 (m/min) (サーフェス速度)
	π ＝ 3.14 [円周率]
主軸回転数(スピンドル回転速度) $$n = Vc \div \pi \div D \times 1,000$$	D ＝ 刃径 (mm)
	n ＝ 主軸回転数 (min) (スピンドル回転速度)
送り速度(切削送り速度) $$Vf = n \times f_z \times Z$$	Vf ＝ 送り速度 (mm/min) (切削送り速度)
	f_z ＝ 一刃送り (mm/tooth)
一刃あたりの送り速度(一刃あたりの送り) $$f_z = \dfrac{F}{n \times Z}$$	Z ＝ 刃数

　切削速度とは、工具の刃先の速度です。同じ主軸回転数で回っていても、工具の直径によって刃先の速度は違ってきます。∅ 20 の工具を∅ 10 の工具と同じ切削条件にしたい場合、上記の式に当てはめて計算すると、主軸回転数を半分に設定すると同じ切削速度になり、同一の加工条件になります。

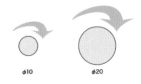

∅10　　　∅20

　一刃あたりの送り速度とは、1 つの刃が材料を削る際に進む長さです。通常、送り速度を遅くすると工具負荷は低減しますが、加工時間も伸びてしまいます。同じ送り速度であっても主軸回転数を倍にすると、一刃あたりの送り量は半分になるため、送り速度を半分にするのと同等の負荷にすることができます。また、刃数が多くなるほど 1 刃当たりの送りは小さくなるため、送り速度を早くすることができます。主軸回転数に上限がある機械を使用している場合などに、一刃あたりの送り速度を基準にして同じ条件を導き出すことができるので便利です。

　Fusion 360 では、選択した工具の刃数によって、以下のダイアログボックスが自動的に計算されるようになっています。

- ● スピンドル回転速度（主軸回転数）
- ● サーフェス速度（切削速度）
- ● 切削送り速度（送り速度）
- ● 一刃あたりの送り（一刃あたりの送り速度）

続いて、ツールパスの設定を行います。［パス］タブを選択し、「最適負荷」を「2.4mm」、
「最大粗取り切込みピッチ」を「4 mm」、「径方向の仕上げ代」と「軸方向の仕上げ代」を「0.2
mm」に設定し、［OK］で確定します。

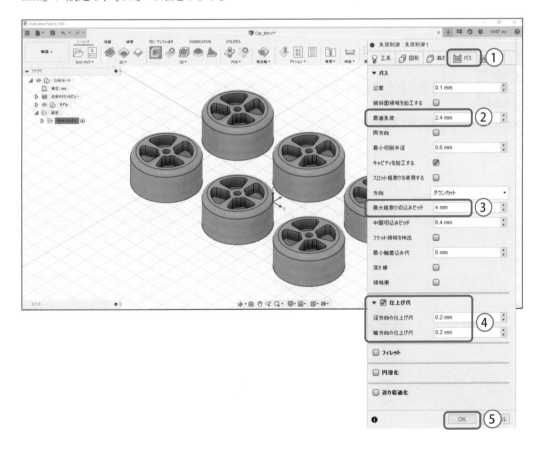

ツールパスが作成されました。

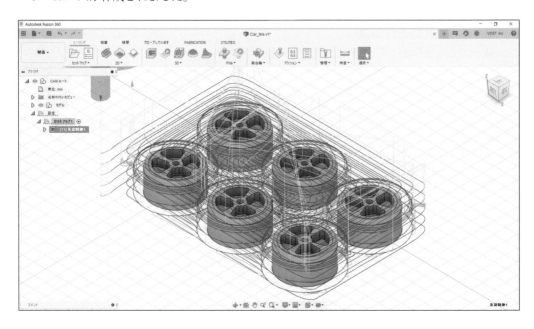

8.5 側面を仕上げるツールパスをつくろう

［2D］-［2D 輪郭］で、輪郭を加工するツールパスを作成します。工具は直前に使用したものが自動選択されており、今回は同じ工具を使うため選択は不要です。

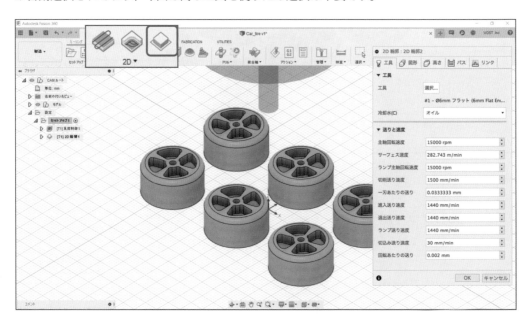

側面を仕上げるため、「主軸回転速度」を「10,000 rpm」に、「切削送り速度」、「進入送り速度」、「退出送り速度」、「ランプ送り速度」を「1,000 mm/min」、「切込み送り速度」を「30mm」に変更します。

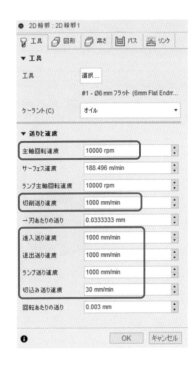

［形状］タブを選択し、「輪郭選択」で製品形状の底部分のエッジを6か所選択します。

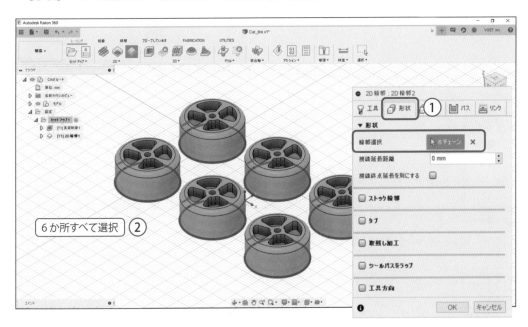

　［パス］タブを選択し、「仕上げ代」にチェックを入れ、「径方向の仕上げ代」を「0 mm」、「軸方向の仕上げ代」を「0.2 mm」に設定し、［OK］を選択します。

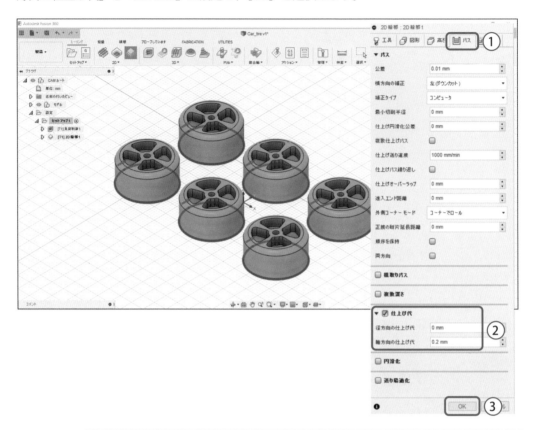

　材料はテーブルに両面テープで貼り付けます。両面テープを巻き込んで削ってしまわないように、0.2 mm の薄い皮を残して削るために、「軸方向の仕上げ代」は 0.2 mm に設定します。

　加工時間を短縮するため、退避の高さを変更します。

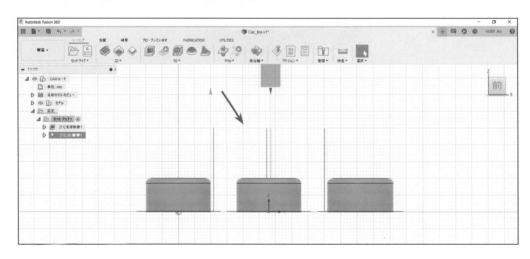

　ブラウザの「[T1] 2D 輪郭 1」をダブルクリック、または右クリックで［編集］します。［高さ］タブの「トップ高さ」と「退避高さ」を「モデル トップ」に変更し、［OK］を選択します。

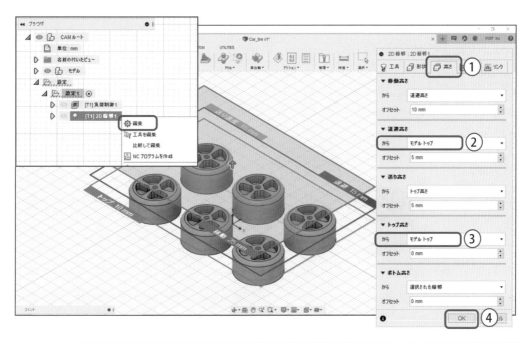

［高さ］タブの設定を間違えると、工具と材料や機械と材料がぶつかる（干渉する）危険性があります。3D プリンターのような積層でカタチを作っていく方式だと、干渉は考慮する必要がありませんが、切削加工は材料を削り取っていくことでカタチを作るため注意が必要です。干渉が発生すると、工具が折れてしまう、材料を削りすぎて使えなくなる、最悪の場合機械自体が壊れ、修理が必要になるというリスクがあります。そのため、干渉が発生しないように必ず［シミュレーション］機能で干渉がないかを CAM でチェックしたうえで加工をしてください。

退避高さが変更されました。

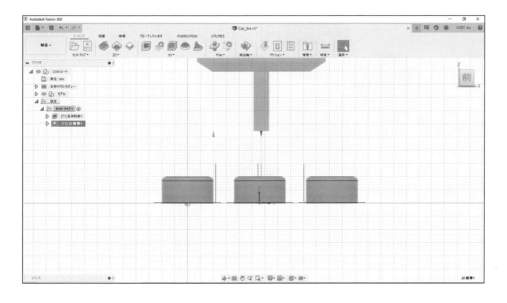

8.6 上面を仕上げるツールパスをつくろう

[2D]-[面]で上面を仕上げるためのツールパスを作成します。「主軸回転速度」を「15,000 rpm」、「切削送り速度」を「2,000 mm/min」に設定します。

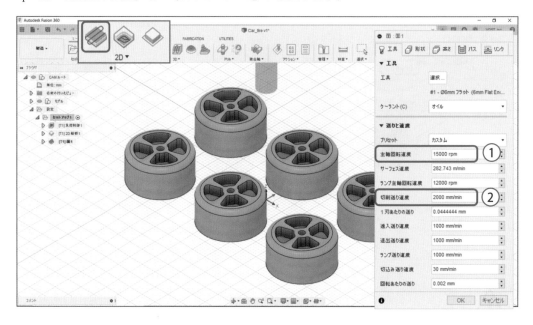

[パス]タブを選択し、「切削ピッチ」を「5 mm」に設定します。「仕上げ代」のチェックマークが外れていることを確認して[OK]を選択します。

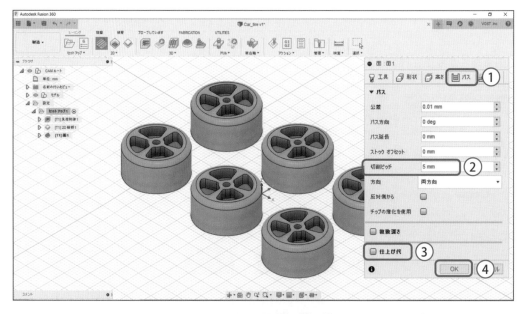

[仕上げ代]のチェックが外れている場合、取り残し量は「0 mm」に設定されているのと同義です。

「切削ピッチ」はXY方向の切削量を設定するパラメーターです。今回は上面に 0.2 mm しか残っていない状態で∅6の工具で切削ピッチ「5 mm」で加工しますので問題ありませんが、深く削る場合には負荷を減らす目的で切削ピッチを小さく設定してください。

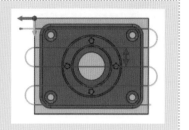

ツールパスが作成されました。

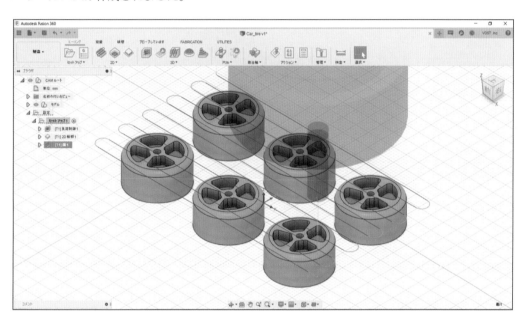

 [2D] - [面] コマンドは、自動的に製品形状の一番高い高さを面出しするコマンドです。加工する高さを変更する場合は、[高さ] タブの「ボトム高さ」を調整します。

8.7 ツールパスを NC データに変換しよう

　ブラウザで Ctrl キー（Mac は ⌘ キー）または Shift キーを使って、すべてのオペレーションを選択し、［アクション］-［ポスト処理］を選択します。

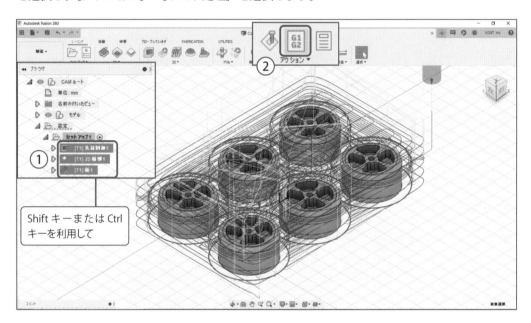

Shift キーまたは Ctrl キーを利用して

　ドロップダウンリストから、「Roland ISO / roland iso」を選択します。

　Mac の場合、以下のようなダイアログボックスが表示されます。「ポスト プロセッサ」のドロップダウンリストから、「Roland ISO」を選択します。

「ポスト コンフィグ」、Mac の場合「ポスト プロセッサ」のドロップダウンに表示されるのが、標準で Fusion 360 にインストールされているポストプロセッサです。「Roland ISO」はローランド ディー . ジー . 株式会社の機械用の標準ポストプロセッサです。
ポストプロセッサは、使用する工作機械に合わせたものを選択する必要があります。

　「プログラム名と番号」に「1001」と入力し、[ポスト]を選択します。

Mac の場合、「プログラム番号」に「1001」と入力し、[OK] を選択します。

「プログラム名と番号」は、プログラムを示す番号です。任意の数字を入力してください。1
度入力すると、次回からは自動的に入っているため、変更する必要はありません。

任意のフォルダに任意の名前で保存します。

Mac を使用している場合、拡張子が付加されない場合がありますので、「.nc」をつけてく
ださい。

変換が完了すると、作成された NC データがエディタで表示されます。

8.8 再粗取りのツールパスをつくろう

　［3D］-「負荷制御」でポケット穴部分を加工するツールパスを作成します。小さい箇所を加工するため、［工具］タブの「工具」で工具を交換します。

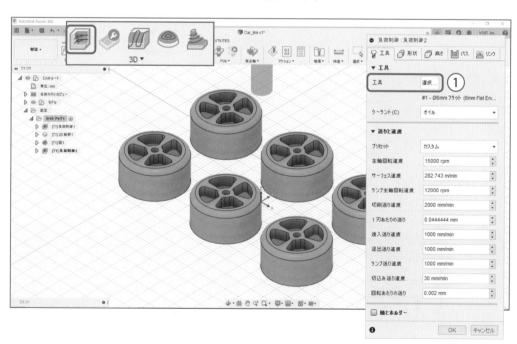

上部の「検索」に「MDX」と入力します。

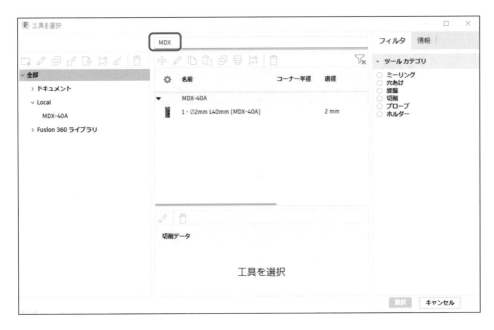

工具リストから、一番上の「∅ 2 mm L40mm (MDX-40A)」を選択し、[選択] を選択します。

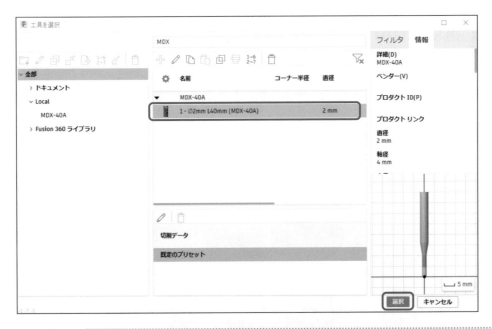

工具選択時の水色地の文字は、工具ライブラリ名を表しています。今回は、第 7 章「工具登録をしよう」で登録した工具を使用してツールパスを作成します。

切削条件が、第7章「工具登録をしよう」で登録した
値になっているのを確認します。

タイヤのホイール部分のみを加工するため、[形状] タブで加工する範囲を設定します。「加
工境界」を「選択」に設定し、タイヤ上面のエッジを6か所選択します。

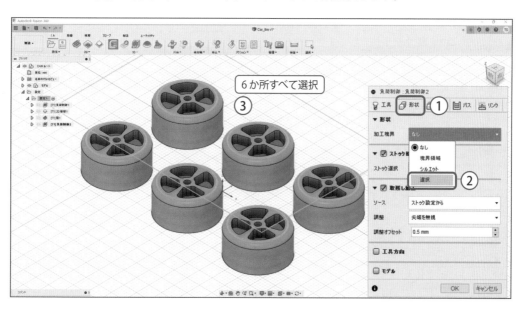

［高さ］タブで「退避高さ」と「トップ高さ」を「モデル トップ」に設定します。

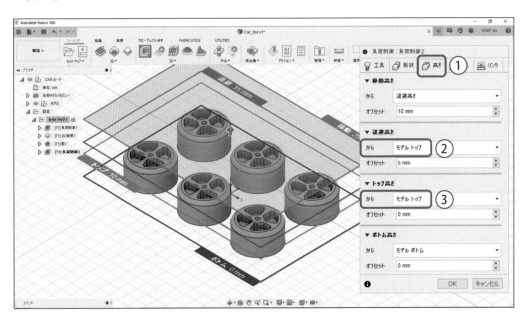

　［パス］タブで、「最大粗取り切込みピッチ」を「1 mm」に、「径方向の仕上げ代」と「軸方向の仕上げ代」を「0.2 mm」に、「領域順」のチェックをONに設定します。

　［リンク］タブで、「ランプ除去高さ」を「0.2 mm」に設定し、［OK］で確定します。

「領域順」は、領域ごとに加工を行う設定です。深さ優先ではなく領域を優先するため、工具の退避動作を少なくすることができます。

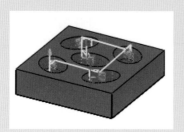

8.9　ホイールを仕上げるツールパスをつくろう

［2D］-［2Dポケット］でポケットのツールパスを作成します。

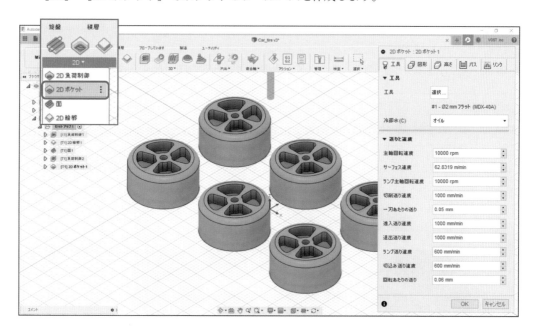

　「スピンドル回転速度」に「10000 rpm」、「切削送り速度」と「進入送り速度」と「退出送り速度」に「1000 mm/min」を入力します。

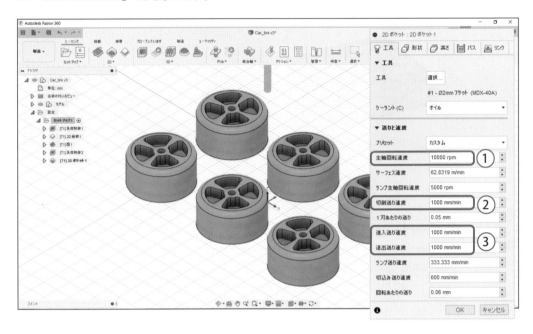

　［形状］タブの「ポケット選択」で、ホイールのポケット穴の底面を4か所クリックします。

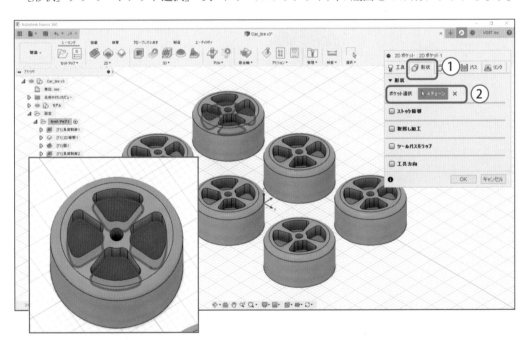

間違えた箇所をクリックした場合には、間違えた箇所をもう一度クリックし、ゴミ箱のマークを選択することで選択解除ができます。

　[高さ] タブで、「退避高さ」を「モデル トップ」に、「トップ高さ」を「選択された輪郭」に設定します。

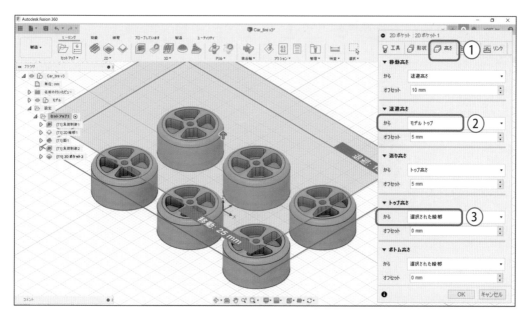

　「トップ高さ」を「選択された輪郭」に設定することで、1回で切り込んで加工するツールパスとなります。

　[パス] タブで「仕上げ代」のチェックを外します。
　[リンク] タブで「ランプ除去高さ」を「0.3 mm」に設定します。

ツールパスが作成されました。

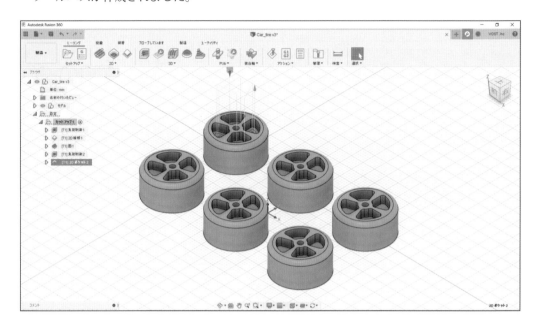

8.10 ツールパスをコピーしよう

ブラウザで「[T1] 2D ポケット 1」のツールパスを選択し、［設定］-［新しいパターン］を選択します。

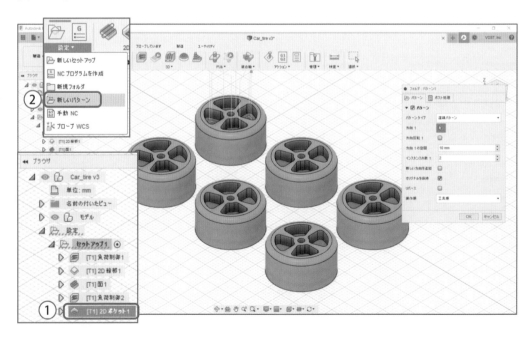

「方向1」で、X軸を選択します。ブラウザでX軸を選択します。

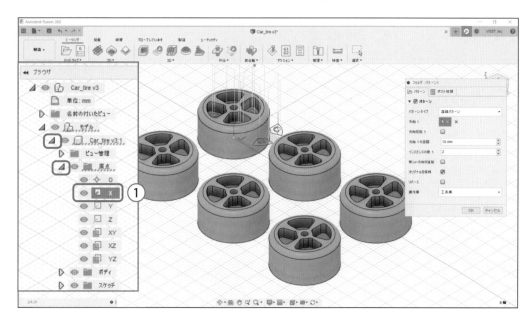

「方向1の空間」を「28mm」に、「インスタンスの数1」を「3」に設定し、「新しい方向を追加」のチェックをONにします。

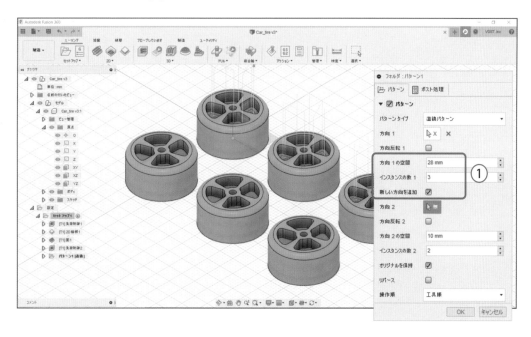

「方向2」で、ブラウザからY軸を選択します。

「方向反転2」のチェックをONにし、「方向2の空間」を「28 mm」に、「インスタンスの数2」を「2」に設定し、[OK]で確定します。

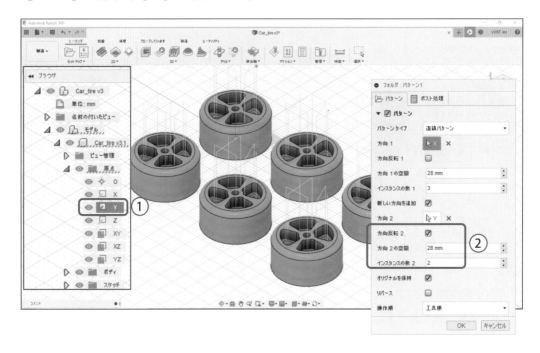

8.11 穴加工のツールパスを作成しよう

　次の工程がパターンに含まれない様にブラウザの「設定1」を選択します。［2D］-［ボア］で穴加工のツールパスを作成します。「工具」が「∅2mmフラット」になっていることを確認し、「主軸回転速度」に「10,000 rpm」、「切削送り速度」、「進入送り速度」、「退出送り速度」、「ランプ送り速度」、「切込み送り速度」に「80 mm/min」を入力します。

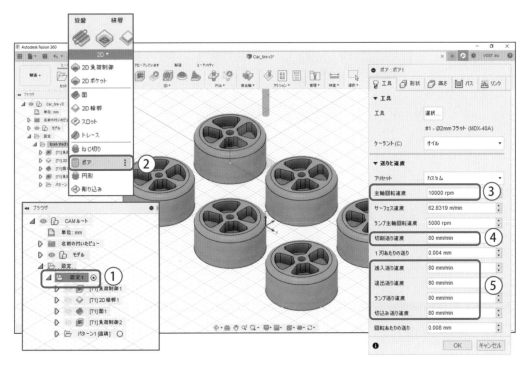

　［形状］タブの「円形状面の選択」で、穴を1か所選択し、「同じ直径を選択」を有効にすると、残りの5か所が自動選択されます。

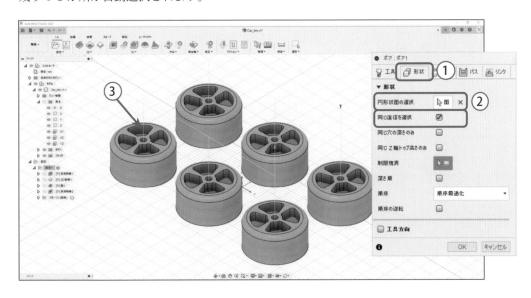

［高さ］タブに切り替え、「退避高さ」を「モデル トップ」に設定します。

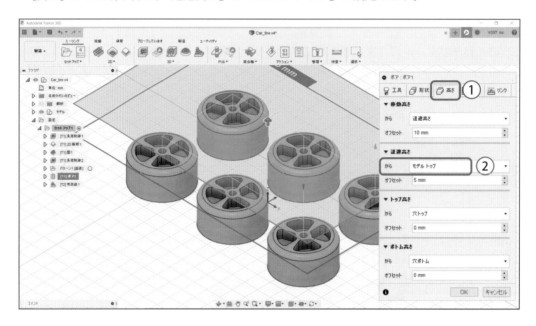

［パス］タブで「ピッチ」を「0.5 mm」に設定し、［OK］を選択します。

らせん状の穴加工のツールパスが作成できます。

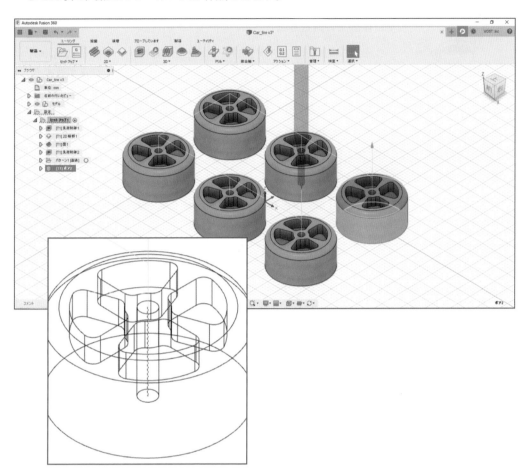

「ピッチ」の設定は、らせんの1回転ごとに加工する深さの設定です。

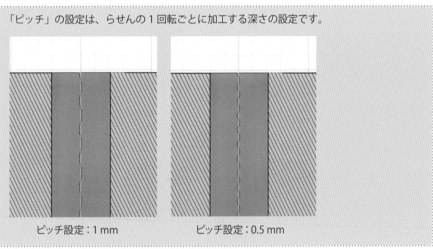

ピッチ設定：1 mm　　　　　ピッチ設定：0.5 mm

ドリル加工の設定方法

　今回は穴の加工に、[ボア]コマンドを使用してヘリカル（らせん状）で加工する方法を行いました。ドリル工具が使えるチャックを用意すると、穴あけを行うためのドリル工具が使用できるようになります。ここではドリル工具を使用した加工の方法を紹介します。

　ドリル加工は[ドリル]-[ドリル]コマンドで行います。[工具]タブでは、必ず「穴あけ」-「ドリル」をフィルタで抽出してください。

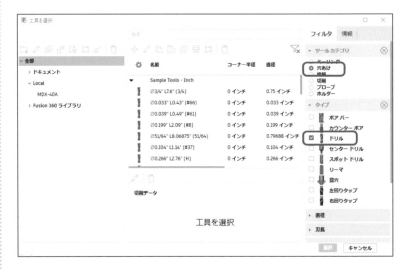

「穴仕上げ」で穴を6か所選択します。

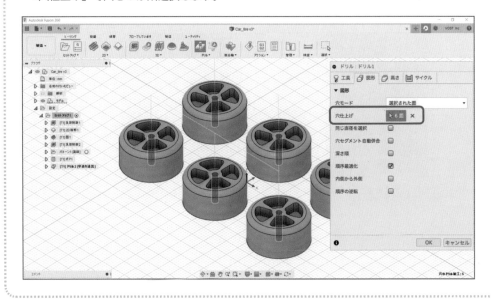

8.12 フィレットを仕上げよう

［3D］-［等高線］でフィレットを加工します。［工具］タブの「工具」で工具を選択します。

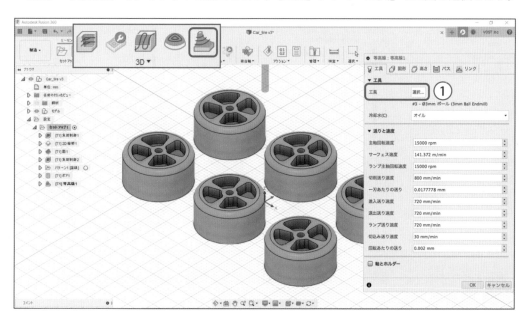

右側のフィルタから「ツールカテゴリ」-「ミーリング」、「タイプ」-「ボール エンドミル」を選択します。

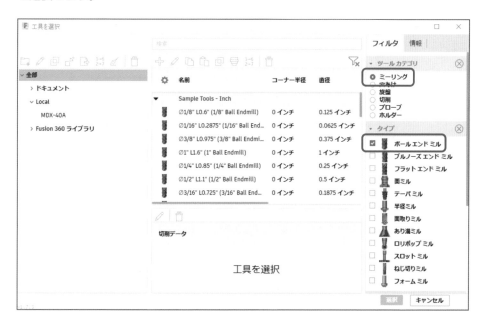

「直径」を開き、「選択」-「等しい」を選択します。

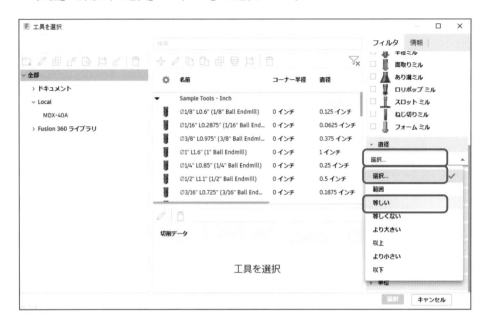

表示された寸法フィールドに「3mm」と入力し、工具を抽出します。

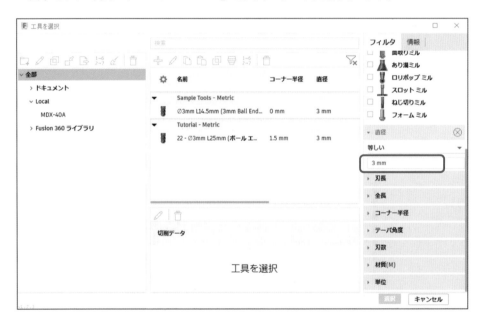

工具リストから、一番上の「∅3mm L14.5mm」を選択し、[選択] を選択します。

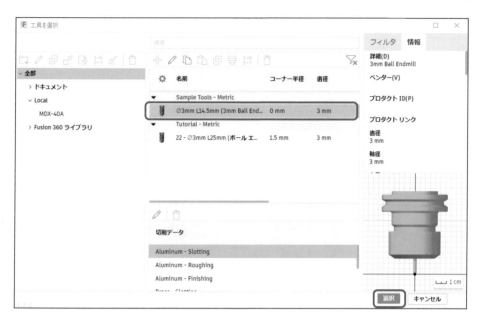

切削条件を設定します。「主軸回転速度」に「15,000 rpm」、「切削送り速度」、「進入送り速度」、「退出送り速度」、「ランプ送り速度」に「800 mm/min」を入力します。

　[形状] タブで、「加工境界」を「選択」に変更し、フィレットのエッジを 12 か所選択します。また、「工具制限境界」を「工具外側境界」に設定します。

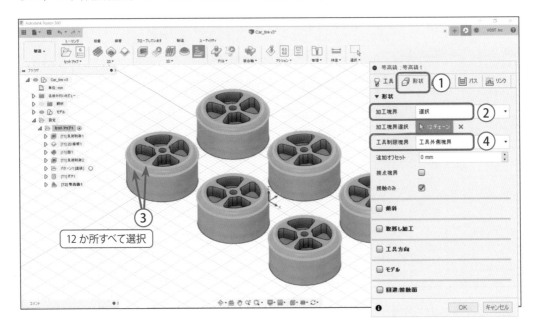

「選択」で 1 つのエッジを選択した場合、その領域内を加工します。選択した領域内のエッジをさらに選択した場合、それぞれのエッジの間部分を加工します。

　[パス] タブで「最大切込みピッチ」を「0.2 mm」に設定し、[OK] で確定します。

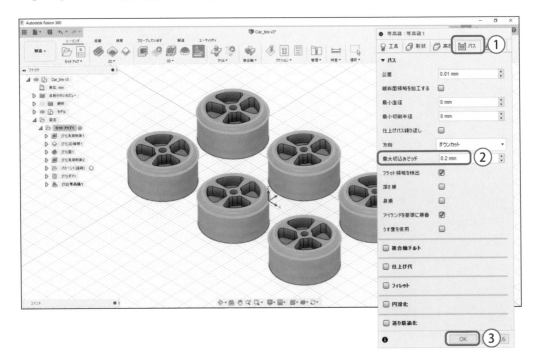

ツールパスができました。

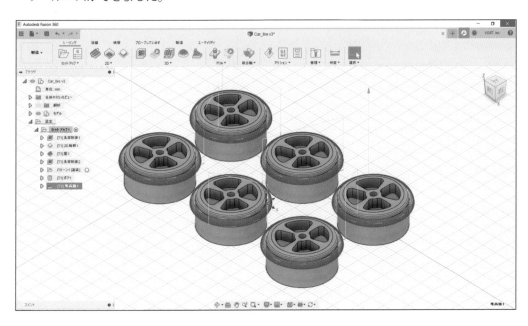

8.13 ツールパスを NC データに変換しよう

　ブラウザで Ctrl キー（Mac は ⌘ キー）または Shift キーを使って、「[T1] 負荷制御 2」、「パターン 1」、「[T1] ボア 1」のオペレーションを選択し、［アクション］-［ポスト処理］を選択します。

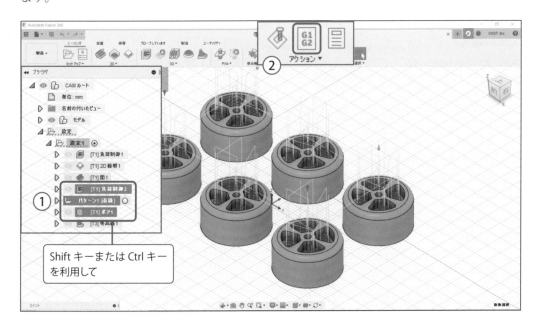

ドロップダウンリストから、「Roland ISO / roland iso」を選択します。

　Mac の場合、以下のようなダイアログボックスが表示されます。「ポスト プロセッサ」のドロップダウンリストから、「Roland ISO」を選択します。

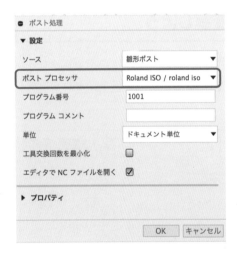

「ポスト コンフィグ」、Mac の場合「ポスト プロセッサ」のドロップダウンに表示されるのが、標準で Fusion 360 にインストールされているポストプロセッサです。「Roland ISO」はローランド ディー . ジー . 株式会社の機械用の標準ポストプロセッサです。
ポストプロセッサは、使用する工作機械に合わせたものを選択する必要があります。

［ポスト］を選択します。

Mac の場合、［OK］を選択します。

「プログラム名と番号」は、プログラムを示す番号です。1度入力すると、次回からは自動的に入っているため、変更する必要はありません。

任意のフォルダに任意の名前で保存します。

Mac を使用している場合、拡張子が付加されない場合がありますので、「.nc」をつけてください。

変換が完了すると、作成された NC データがエディタで表示されます。

　ブラウザで「[T2] 等高線 1」のオペレーションを選択し、[アクション] - [ポスト処理] を選択します。

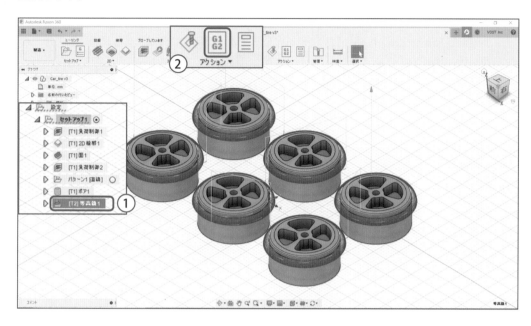

　[ポスト] を選択します。

Mac の場合、[OK] を選択します。

任意のフォルダに任意の名前で保存します。

Mac を使用している場合、拡張子が付加されない場合がありますので、「.nc」をつけてください。

変換が完了すると、作成された NC データがエディタで表示されます。

8.14 課題：工具スタンド

以下の画像の工具スタンドのツールパスを作ってみましょう。

加工対象

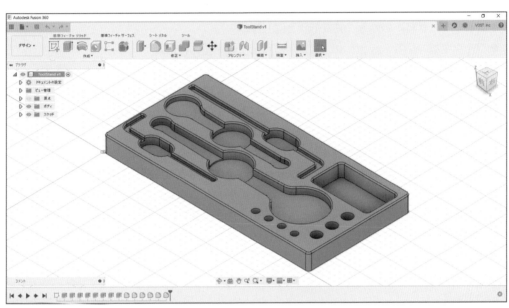

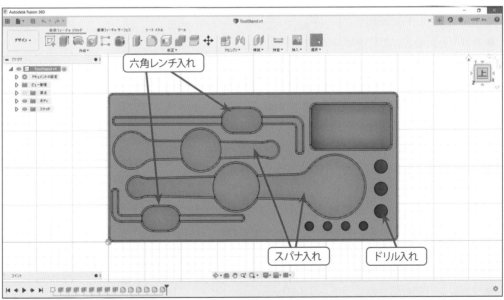

加工データ提供：ローランド ディー . ジー . 株式会社 様

作成の条件

共通条件

- 使用する「ToolStand.f3d」データは、以下のURLを検索し、巻末の袋とじ内に記されているナンバーを入力してダウンロードしてください。
  https://cad-kenkyujo.com/book/（「スリプリブック」で検索）
- ストック（材料）の大きさ：完成形状と同じサイズ
- ストック（材料）の厚み：完成形状と同じ厚み
- ワーク座標の位置：ストック（材料）の真ん中の一番低い位置
- 使用可能な工具：
  ∅ 6 mm フラット（主軸回転数 13,000 rpm、送り速度 1000 mm/min）
  ∅ 6 mm ボール（主軸回転数 13,000 rpm、送り速度 1000 mm/min）
  ∅ 4 mm フラット（主軸回転数 13,000 rpm、送り速度 800 mm/min）
  ∅ 4 mm ボール（主軸回転数 13,000 rpm、送り速度 800 mm/min）
  ∅ 3 mm フラット（主軸回転数 13,000 rpm、送り速度 700 mm/min）
  ∅ 3 mm ボール（主軸回転数 13,000 rpm、送り速度 700 mm/min）
  ∅ 2 mm フラット（主軸回転数 13,000 rpm、送り速度 600 mm/min）
  ∅ 2 mm ボール（主軸回転数 13,000 rpm、送り速度 600 mm/min）
- 工具交換：2回まで

その他の条件

- 上面：一番初めに面出し
- 外周：1回の加工で仕上げる
- 面出しの切削ピッチ：5 mm
- スパナ入れの粗取りの最大切込みピッチ：4 mm
- スパナ入れの粗取りの仕上げ代：0.5 mm
- スパナ入れの底面と側面の仕上げ：2D機能で仕上げ
- スパナ入れの底面と側面の仕上げの切削ピッチ：3 mm
- 六角レンチ入れの粗取りの最大切込みピッチ：2 mm
- 六角レンチ入れの粗取りの仕上げ代：0.2 mm
- 六角レンチ入れの底面と側面の仕上げ：2D機能で仕上げ
- 六角レンチ入れの底面と側面の仕上げの切削ピッチ：1 mm
- ドリル入れの切込みピッチ：1 mm
- ドリル入れの切削ピッチ：1 mm
- フィレット部の切込みピッチ：0.3 mm

作成のヒント

※以下の加工方法はあくまで一例です。いろいろな加工方法を試し、それぞれのメリットやデメリットを考えてみてください。

①設定でストックの大きさとワーク座標の位置を設定します。

②なるべく太い工具で加工することで工具負荷を減らすことができます。

③加工する領域のフィレットのR径を、［検査］-［計測］コマンドで計測することで、適切な工具径を選択できます。

④［負荷制御］で負荷を減らしたツールパスができます。

⑤2次元的な形状を仕上げるには、［2D］メニューが適しています。

⑥仕上げのツールパスの加工開始位置を編集するには、［高さ］設定の［トップ高さ］を設定します。ただし、前工程でストックが除去されているかを十分確認し、注意して設定します。

⑦加工範囲を複数箇所選択すると、その間にのみツールパスが作成できます。

⑧ボールエンドミルでフィレットを加工する場合、工具制限境界で「工具外側境界」を選択すると、キワまでツールパスが作成できます。

今回のモデル作成のための推奨コマンド

● ［設定］-［設定］
● ［2D］-［面］
● ［2D］-［2D輪郭］
● ［3D］-［負荷制御］
● ［2D］-［2Dポケット］
● ［3D］-［等高線］

解答

解答は、以下URLにてご紹介しております。

https://cad-kenkyujo.com/book（「スリプリブック」で検索）

索 引

■ 著者プロフィール

三谷 大暁（みたに・ひろあき）

株式会社 VOST 最高技術責任者

1984 年鳥取県倉吉市生まれ。

横浜国立大学在学中に「ものづくり」に興味を持ち、製造業に飛び込む。

3D CAD/CAM ソフトウェアを通じて多数のコンサルティングの経験を持ち、製品設計・金型設計・マシニング加工等、「設計から製造」までの幅広い業種の知識を生かした現場目線の問題解決を得意とする。

誰でも「ものづくり」ができる世界を目指し、株式会社 VOST の立ち上げメンバーとして参画。

大塚 貴（おおつか・たかし）

株式会社 VOST シニアエンジニア

1983 年愛知県愛知郡東郷町生まれ。

東京大学大学院在学中に「ものづくり」に興味を持ち、卒業後に 3D CAD/CAM ベンダーに就職。

製品化業務を通じて、設計から加工まで幅広くソフトウェアに携わる中、その経験を活かし CAD/CAM の総合的な運用コンサルティング業務にも従事。

株式会社 VOST の目指す世界に共感し、メンバーとして参画。

濵谷 健史（はまたに・たけし）

株式会社 VOST BIZ ROAD 事業部テクニカルチーフマネージャー

1982 年京都府相楽郡精華町生まれ。

東京理科大学理工学部在学中に「3D CAD」に興味を持つ。

3D CAD/CAM メーカーにて、製造業へのテクニカルコンサルティングを経験後、テクニカルマネージャーとして新製品開発、マーケティングに携わる。

メーカーにて、製品設計から複合旋盤加工での量産までの「ものづくり」の全工程を経験し、同時にインダストリー 4.0 の実現に向け、3D プリンティングなど新技術の実用化に向けて尽力。

株式会社 VOST の法人向けサービス「BIZ ROAD」の立ち上げメンバーとして参画。

データ協力：
    株式会社オリジナルマインド様
    ローランド ディー . ジー . 株式会社様
協力：
    株式会社オリジナルマインド代表取締役　中村 一様
    株式会社オリジナルマインド　秋津 浩紀様
    ローランド ディー . ジー . 株式会社日本セールスユニット　田中 裕之様
    株式会社 VOST 代表取締役　別所 智広
    株式会社 VOST DD　坂元 浩二
    渋谷 美幸
    臼木 菜穂

次世代クラウドベース 3DCAD/CAM

フュージョン　スリーシックスティー
Fusion 360操作ガイド CAM・切削加工編 1
2021年版

2017年　8月10日　初版第1刷発行
2020年11月10日　第3版第1刷発行

著　者	スリプリ（株式会社 VOST）　三谷 大暁／大塚　貴／濵谷 健史
発行人	石塚 勝敏
発　行	株式会社 カットシステム
	〒169-0073 東京都新宿区百人町 4-9-7　新宿ユーエストビル 8F
	TEL （03）5348-3850　　FAX （03）5348-3851
	URL　http://www.cutt.co.jp/
	振替　00130-6-17174
印　刷	シナノ書籍印刷 株式会社

本書に関するご意見、ご質問は小社出版部宛まで文書か、sales@cutt.co.jp 宛に e-mail でお送りください。電話によるお問い合わせはご遠慮ください。また、本書の内容を超えるご質問にはお答えできませんので、あらかじめご了承ください。